Century

L'anneau de feu

«Je sais que je suis mortel, créature d'un jour; mais, quand je cherche dans la multitude des spirales tournantes des étoiles, mes pieds ne portent plus sur la terre et je me trouve près de Zeus lui-même. Je m'enivre d'ambroisie, la liqueur des dieux.»

Ptolémée, savant grec

«La nature aime se cacher.»

Héraclite, philosophe grec
surnommé «l'Obscur»

Titre original: *Century – L'anello Di Fuoco*
Texte: Pierdomenico Baccalario
Couverture et illustrations: Iacopo Bruno
Graphisme: Gioia Giunchi

18, rue Barbès, 92128 Montrouge Cedex
ISBN: 978-2-7470-2691-8
Dépôt légal: octobre 2010

Loi 49-956 du 16 juillet 1949
sur les publications destinées à la jeunesse

Pierdomenico Baccalario

CENTURY

L'ANNEAU DE FEU

Traduit de l'italien
par Jacques Barbéri

Illustré par
Iacopo Bruno

bayard jeunesse

LE COMMENCEMENT

Les étoiles de la Grande Ourse sont immobiles dans le ciel.

Pour elles aussi le moment est arrivé.

Dans le refuge au cœur des glaces, on entend quelqu'un pianoter nerveusement sur une table. Puis poser une question qui demeure un instant comme en suspension dans l'air enfumé.

– Vous pensez qu'elle va venir ?

Aucune réponse. Les fenêtres en aluminium sont recouvertes de givre. Dehors il neige. Le glacier étincelle de lueurs bleutées.

– J'ai l'impression d'entendre des loups..., murmure un des deux hommes en se grattant la barbe. Pas vous ?

– Commençons, propose l'autre, gris et squelettique, tel un arbre qui aurait survécu à un incendie. Il ne nous reste plus beaucoup de temps.

La femme arrête de pianoter sur la table, vérifie l'heure et acquiesce.

– Tu as raison. Commençons.

Les deux hommes se mettent à feuilleter leurs carnets.

– Comment vont les gamins ? demande le barbu.

– Ils continuent à grandir, répond la femme. Il va bientôt falloir se décider.

Elle sort une vingtaine de photos qu'elle montre à ses compagnons. Les images passent rapidement de main en main.

– Quel âge ont-ils ? demande l'homme à l'allure de squelette.

– Huit ans.

Le barbu est visiblement inquiet. Il quitte nerveusement la table, approche son visage de la fenêtre et regarde à l'extérieur, comme s'il pouvait distinguer quoi que ce soit dans cette impénétrable tempête de neige.

– Je les ai encore entendus... Je veux parler des loups.

Le squelettique laisse fuser un rire rocailleux.

– Nous sommes entourés par trente kilomètres de glace. Comment peux-tu entendre des loups ?

Le barbu reste un moment près de la vitre, jusqu'à ce qu'elle soit totalement embuée, puis il revient s'asseoir et vérifie l'heure pour la énième fois.

– Nous aurions peut-être dû nous retrouver dans un endroit plus facile à atteindre. Un jardin, comme la dernière fois.

– De toute façon, elle ne serait pas venue. Tu sais comment elle est. Plutôt...

Le squelettique montre la photo d'une gamine.

– Celle-là, nous avions décidé de l'écarter.

La femme passe un doigt sur le bord d'une tasse, puis hausse un sourcil sans rien laisser transparaître de ses pensées.

– J'ai changé d'avis, explique-t-elle, en sirotant son thé.

– Je ne crois pas que tu puisses simplement changer d'avis.

– C'est mon problème.

– Mais cette gamine... – un doigt court et osseux indique le visage aux cheveux noirs et bouclés – ... n'en demeure pas moins ta nièce.

– Elle parle deux langues mieux que toi. Que faut-il pour te convaincre ?

– Tu connais les risques.

– Et tu connais les raisons.

– La dernière fois, nous avions dit non.

– La dernière fois, elle venait juste de naître.

Un long silence s'installe. On n'entend plus que la bouilloire sur le feu et le vent qui tourbillonne dans la cheminée. Les hommes regardent les photos étalées sur la table, l'air préoccupé : visages occidentaux, yeux en amande, cheveux blonds et roux, peaux claires et foncées. Gamins et gamines très différents les uns des autres, sauf pour un détail, unique et fondamental. Qu'ils découvriront vite.

Les murs du refuge gémissent sous le poids de la neige. Dans la froideur du ciel nocturne, les étoiles ont entamé leur lente procession.

– Je ne voudrais pas que tu commettes une erreur, reprend le squelettique.

– Et toi, ça ne t'est jamais arrivé ?

– Je fais attention... Et tu le sais.

Le barbu se racle la gorge pour signifier aux autres de s'arrêter.

– Inutile de nous préoccuper de ça pour l'instant. C'est encore trop tôt pour décider. Je dois seulement savoir où porter la carte.

– Où l'as-tu cachée ?

Le barbu leur montre une vieille mallette.

– Elle devrait passer inaperçue.

– Je l'espère. Car si quelqu'un s'en rendait compte...

Le squelettique s'interrompt brusquement.

Il entend des bruits à l'extérieur du refuge. Des pas dans la neige. Des bottes. Des chiens qui gémissent. Un hurlement furieux.

Des loups.

Ils bondissent tous trois sur leurs pieds.

– Vous me croyez maintenant? hurle le barbu en courant vers la fenêtre.

Avant qu'il puisse l'atteindre, la porte du refuge s'ouvre à la volée. Une silhouette chaussée de bottes à crampons pénètre dans la pièce. Elle laisse tomber par terre un masque thermique et une paire de gants.

– Excusez-moi pour le retard..., dit-elle en affichant un sourire désarmant.

Elle ôte sa capuche et libère une longue chevelure noire.

– Mais il me fallait découvrir où ça allait commencer.

Elle détache ses crampons avec un bruit sec.

Ferme la porte sur des loups attelés à un traîneau.

Et dit:

– Ça commencera à Rome.

1
LE PIÈGE

Elettra attend, immobile dans l'obscurité.

Les jambes croisées, les mains serrées sur la corde qui actionne un piège, totalement figée. Aussi raide que les vieilles armoires qui se dressent derrière elle en une forêt d'ombres de plus en plus sombres.

Elettra respire lentement, son souffle est à peine perceptible. Elle ignore la poussière qui se dépose sur elle.

– Allez, viens... Sors de là, pense-t-elle, en remuant juste les lèvres.

Elle affermit sa prise sur la corde et tend l'oreille au cœur de l'obscurité. Les chaudières vrombissent dans le lointain, pompant l'eau chaude vers les canalisations des chambres de l'hôtel. Les compteurs cliquettent doucement en égrenant leur consommation. Un silence poussiéreux règne dans la cave.

L'hôtel, la ville, tout comme le reste du monde, paraissent terriblement lointains.

Il ne fait pas froid.

C'est le 29 décembre.

C'est le commencement. Mais ça, Elettra ne le sait pas encore.

Un bruit très discret lui fait comprendre que le rat s'approche. *Zick zick.*

Ses petites pattes raclent le sol, quelque part dans le noir.

Elettra soulève délicatement la cordelette en affichant un sourire satisfait.

« Personne ne peut résister au pecorino romain », dit toujours tante Linda, quand elle fait la cuisine.

Zick zick. Silence. *Zick zick.* Nouveau silence.

Le rat hume l'air, cédant prudemment à l'appel des odeurs.

« Il est presque dans le piège », se dit Elettra en frottant la cordelette du pouce. Puis : « Mais qu'est-ce qu'il attend, ce crétin de rat ? »

Le piège qu'elle a fabriqué est simple : un bout de pecorino posé sous une boîte à chaussures, elle-même coincée par une vieille baleine de parapluie. À la moindre secousse, la boîte s'abat sur le rat. Le plus difficile, c'est de savoir, dans le noir, quand l'animal est près du fromage.

Il faut se fier à l'instinct. Et Elettra sent que ce n'est pas le moment.

Elle attend.

Encore un peu.

Zick zick, fait le rat. Puis plus rien.

Elettra adore cet instant où son plan va se conclure de façon parfaite.

Elle savoure d'avance le regard admiratif de son père, au retour de son voyage en minibus. Et les hurlements horrifiés de tante Linda, quand elle verra le rat raide mort pendouiller au bout de sa corde.

Son autre tante, Irène, lui dira simplement : « Tu ne dois pas descendre jouer à la cave. C'est un dangereux labyrinthe. Et personne ne sait où il conduit. »

Elettra n'est pas descendue pour jouer : elle est en mission pour capturer le rat.

Rien à voir avec un jeu.

Zick zick, fait le rat.

Et...

... le plafond de la cave se met alors à vibrer sous une série de coups qui font trembler les bouteilles dans leurs casiers en bois.

« Ce n'est pas possible », pense Elettra en levant les yeux au plafond. « Non, pas maintenant ! »

Mais la vibration ne s'interrompt pas. La poussière commence à s'élever en tourbillonnant. Les coups sur le plancher s'intensifient, se transforment en un enchaînement de pas furieux doublés d'un hurlement.

Qui finit par ressembler à une sirène.

« EEELEEEEETTRAAAAA ! »

La porte de la cave s'ouvre brusquement.

Un flot de lumière envahit les escaliers, éclaire un dédale de meubles, de bouteilles de vin, d'armoires et de statues.

Elettra fixe le petit rat gris qui se tient droit sur ses pattes arrière, juste à l'intérieur de la boîte à chaussures.

– Tu ne peux plus m'échapper !

Et elle tire sur la corde.

La boîte tombe et rate le rat.

– Non ! s'exclame-t-elle.

En haut de l'escalier, tante Linda tâtonne à la recherche des interrupteurs et les enclenche tous. Une dizaine d'abat-jour, fabriqués avec de vieilles bouteilles suspendues au plafond, s'allument brutalement, et leur lueur efface jusqu'au moindre recoin d'obscurité.

– Elettra ! Mais tu étais dans le noir ?

– Malédiction ! hurle celle-ci, en bondissant sur ses pieds. Il m'a encore échappé !

– Qui t'a échappé ? demande sa tante, déconcertée.

Elettra la dévisage d'un air rageur en brandissant la baleine de parapluie.

– Qu'est-ce que tu veux encore ?

Sa tante contemple la cave comme si elle la voyait pour la première fois.

– Mon dieu, quel désordre ! se lamente-t-elle. Il faudrait vraiment qu'un jour ou l'autre on range tout ça, avec ton père. Comment peut-on garder une cave dans cet état-là !

On dirait qu'elle a complètement oublié les raisons qui l'ont conduite jusqu'ici.

Elettra la fusille du regard. La boîte à chaussures gît misérablement sur le sol, et un rat en pleine santé se cache toujours dans la cave. Sa tante glisse avec grâce une main dans ses cheveux gris, sans réaliser ce qui vient de se passer.

– Qu'est-ce que tu veux, tata ? hurle Elettra une deuxième fois.

Et, comme sa tante ne daigne pas lui répondre, elle ajoute :

– TATA !

Celle-ci la fixe de ses grands yeux clairs.

– Elettra, mon trésor, ton père a téléphoné de l'aéroport. Il y a un problème avec les chambres. Un énorme problème.

– Quel problème ?

– Il n'a pas voulu m'en parler.

– Et où est-il ?

Tante Linda sourit.

– Encore à l'aéroport !

○⊕⊙⊖

Fernando Melodia éteint son cellulaire d'un geste sec : la voix enregistrée de l'opérateur vient de l'informer qu'il a consommé tout son forfait.

– Bon sang ! siffle-t-il sous ses moustaches impeccablement taillées. Et maintenant je fais quoi ?

À ses côtés, monsieur et madame Miller, un couple d'Américains avec un gamin à l'allure torve, patientent près du panneau du terminal A devant un tas d'énormes valises.

Ils sont plus petits que leur fils, un grand échalas aux cheveux en bataille qui regarde autour de lui comme s'il avait peur qu'on le conduise à l'échafaud. Il a peut-être honte de la façon dont sont habillés ses parents : veste à carreaux gris loutre et nœud papillon à pois pour lui, tailleur kaki pour elle.

Les Miller sont arrivés et ils sont contents.

Ils ont réservé la dernière chambre libre de l'hôtel pour passer le jour de l'an à Rome. Le professeur doit également participer à un important congrès sur le climat. Sa femme a hâte de faire du shopping. Le fils, quant à lui, a l'air d'avoir été traîné ici de force.

Fernando soupire.

Il a sous son bras une pancarte sur laquelle est mentionné :

HÔTEL
DOMUS QUINTILIA
BIENVENUS !

Une idée d'Elettra. Une excellente idée, même si, pendant de longs instants, Fernando s'est maudit de l'avoir emportée avec lui. Dès qu'ils l'ont aperçue, les Miller l'on rejoint en souriant. Enfin, du moins les deux adultes.

Serrement de mains.

– C'est très gentil à vous d'être venu nous chercher, l'a remercié monsieur Miller.

Fernando lui a rendu son sourire avec une certaine hésitation et n'a plus quitté cette grimace figée.

Il n'avait plus qu'une envie : disparaître.

Car Fernando a un petit souci. Il est venu à l'aéroport de Fiumicino pour réceptionner deux Françaises du nom de Blanchard, et pas trois Américains du nom de Miller. Il les attendait au terminal B sur le vol de huit heures huit en provenance de Paris Charles de Gaulle. La jeune styliste en parfums, Cécile Blanchard, et sa fille Mistral. Il devait les embarquer dans le minibus de l'hôtel et leur donner les clefs de la chambre 4, celle avec toilettes, salle de bains, douche et une charmante terrasse qui donne sur la ruelle.

La dernière chambre libre de l'hôtel.

Elle n'est pas disponible pour les trois Américains, mais à leur air tranquille et joyeux, il est évident qu'ils sont convaincus du contraire.

Fernando serre le téléphone inerte dans la poche de son pantalon en priant pour qu'Elettra l'appelle.

– Il y a un problème ? lui demande le professeur américain en rajustant son nœud papillon d'un geste furtif.

– Non, non, aucun, le rassure Fernando, qui cherche vite une solution.

Il s'efforce d'oublier que c'est la fin de l'année et que Rome est envahie de touristes.

– Nous attendons deux autres voyageurs.

Il leur indique le panneau sur lequel est affiché le vol en provenance de Paris.

– Ils vont arriver d'une minute à l'autre.

Bousculé par le va-et-vient des gens et des chariots remplis de bagages, Fernando essaye de se calmer. « Il doit bien y avoir un moyen de s'en sortir », songe-t-il. Ce n'est pas la première fois qu'il y a un problème de réservation. Mais aujourd'hui, l'hôtel est entièrement plein, ce qui n'était jamais arrivé. Et Fernando suppose que c'est pareil dans toute la ville.

Ça, c'est encore la faute à Internet. Depuis qu'il a mis en service les réservations en ligne, les choses se sont énormément compliquées. Avant, il suffisait de répondre au téléphone. Maintenant, il faut allumer l'ordinateur, lancer le gestionnaire de e-mails, noter les réservations, copier les noms dans les fiches, inscrire les seize chiffres de la carte de crédit.

C'est devenu un travail de comptable.

Beaucoup de gens se bousculent au terminal B, le vol en provenance de Paris a dû atterrir. Fernando soulève la pancarte au-dessus de sa tête avec un certain fatalisme. Il n'a plus qu'à s'en remettre au hasard : les deux Parisiennes ont peut-être raté leur avion. Elles ont peut-être changé d'idée. Ou bien il reste une chambre de libre, et il ne s'en souvient pas. Ce qui est peu probable dans un hôtel qui n'en loue que quatre.

Il lance un coup d'œil au jeune Américain, qui paraît être encore plus attristé que lui.

Le cellulaire reste silencieux.

Quand Elettra va-t-elle donc se décider à l'appeler ?

– Vous êtes de la Domus Quintilia ? l'interroge alors une voix masculine.

Fernando baisse son regard sur deux Chinois de petite taille : un homme en habit de soie étincelant et un gamin tout joyeux, avec des yeux bleus et une coupe au bol. Le gamin révèle en souriant une rangée de dents aux gencives proéminentes.

– Excusez-moi, mais... qu'avez-vous dit ? répond Fernando en sentant un frisson onduler le long de son dos.

L'homme vêtu de soie agite un feuillet imprimé à la hauteur de son nombril.

– Je me présente : See-Young Wan Ho. Et voilà mon fils, Sheng Young Wan Ho. C'est très gentil à vous d'être venu nous chercher.

– Paar... don ? bégaye Fernando, abasourdi.

Et il aperçoit du coin de l'œil une femme et une gamine, qui a tout l'air d'être sa fille, s'approcher de lui.

See-Young Wan-quelque-chose agite pour la seconde fois un feuillet devant lui. Son fils Sheng sourit radieusement.

– Nous avons réservé la chambre 4. C'est très gentil à vous d'être venu nous chercher.

Le rictus de Fernando Melodia se pétrifie totalement.

La styliste française, la seule personne qu'il attendait ce soir, lance alors à sa fille :

– Regarde, Mistral. C'est le monsieur de notre hôtel.

Fernando est immobile, incapable de réfléchir, et ne remarque même pas l'homme vêtu de noir qui passe près de lui en laissant dans son sillage un persistant parfum de violette.

2
LA POUSSIÈRE

La cour de l'hôtel est grise, muette et silencieuse. Elettra la traverse en un éclair, passant à côté du puits et des plantes aux tiges sinueuses qui serpentent majestueusement jusqu'au balcon. La balustrade de la terrasse est agrémentée de quatre statues à l'expression insondable.

Elettra arrive au pied de l'escalier. Elle tire la langue à la statue au visage hideux au-dessus de l'arche d'entrée. Puis elle grimpe les marches deux par deux jusqu'à la chambre d'Irène, sa seconde tante.

Elle frappe à la porte et l'ouvre sans attendre la réponse. Une grande porte-fenêtre donne sur la terrasse. Le plafond est peint en vert et le sol recouvert de losanges, blanc et noir.

Tante Irène est assise dans son fauteuil roulant, au fond de la pièce, près d'une lampe en forme de héron.

– Tata ! s'exclame Elettra. Nous avons encore un souci avec les chambres.

Tante Irène pose son livre sur ses genoux et regarde Elettra par-dessus ses lunettes. C'est une femme maigre, aux cheveux blancs retenus par une épingle en écaille de tortue. Quand elle était jeune, avant d'être paralysée à cause de son accident, elle était très belle.

– Ne m'en dis pas plus, répond-elle comme si elle était déjà au courant du problème. Ton père a recommencé ?

Elettra traverse la pièce d'un pas vif. Elle s'agenouille sur le tapis devant sa tante et la fait rire en grimaçant.

– J'en ai bien l'impression. Mais, cette fois-ci, il a mis le paquet.

– C'est-à-dire ?

– Une seule chambre et trois réservations, explique Elettra. Il revient de l'aéroport avec deux Françaises, trois Américains et deux Chinois... Tous convaincus d'avoir retenu la chambre 4.

– Tu plaisantes, j'espère ? gémit la vieille dame.

– Non ! Je viens de l'avoir au téléphone.

– Pas possible ! s'exclame Irène en laissant tomber son livre. Ce n'est pourtant pas difficile de noter trois réservations ! Si ta mère était là, elle lui passerait un de ces savons !

– Tata...

Elle frappe les accoudoirs de son fauteuil de la paume des mains.

– En tout cas, ton père est toujours dans les nuages. Si on n'était pas sans arrêt derrière lui, l'hôtel aurait déjà fermé.

– Papa ne veut pas s'en occuper, plaide Elettra. Il est en train d'écrire...

– Il est en train d'écrire ! s'esclaffe nerveusement sa tante. Bien sûr ! Son fameux roman d'espionnage. Ça fait combien de temps qu'il doit le finir ? Cinq ans ? Dix ?

Elettra n'insiste pas.

– Il nous reste moins de vingt minutes pour trouver une solution, dit-elle en regardant sa montre.

Tante Irène soupire.

– Laquelle ?

Elettra hausse les épaules.

– On sonne l'alarme ?

– Appelle ma sœur, décide la vieille dame. Il faut bien trois femmes pour réparer les bêtises d'un homme !

– En fait, c'est simple, conclut Linda quelques minutes plus tard, d'un ton très calme. On leur dit qu'il n'y a plus de place et on les renvoie dehors.

– Inimaginable ! proteste Elettra.

– Alors trouvons-leur un autre hôtel à nos frais.

– Bonne idée : c'est la première chose à tenter, l'approuve Irène.

Après quelques essais infructueux, Elettra repose le téléphone d'un air désolé.

– Ce n'est pas si facile. L'Astoria est complet également.

Tante Irène passe en revue la liste des hôtels et des pensions. Elle indique le numéro suivant à sa nièce en pestant :

– Maudits soient le nouvel an et tous ces touristes.

Linda fonce soudain vers une boule de verre, la soulève et passe un doigt en dessous.

– Acariens, lâche-t-elle, en observant le bout de son doigt. Il faut qu'on nettoie ta chambre. Il n'est pas sain pour toi de vivre au milieu de toute cette poussière.

– Linda ! explose Irène. J'ai les jambes paralysées, pas le cerveau ! Et un peu de poussière n'a jamais tué personne.

Linda retourne la boule de verre avec une expression de dégoût, absolument pas convaincue. De délicats flocons blancs se mettent à tomber à l'intérieur.

– C'est le genre d'objet qui ne sert à rien, lance-t-elle.

Et elle la remet à sa place.

– Ils n'ont pas besoin de te plaire ! De toute façon, c'est ma chambre et je la décore comme je veux.

– Et tous ces horribles tableaux ? poursuit implacablement sa sœur. Et ces vieilles armoires qui sentent le moisi ? Elles contaminent tous tes vêtements, c'est moi qui te le dis ! Tu devrais te faire monter des meubles neufs, comme ceux de ma chambre. Et y mettre du parfum à la vanille. Un sachet dans chaque tiroir et ton linge sentira la...

– La vanille ! Oui, j'imagine ! hurle presque tante Irène. Linda, essaye de te concentrer sur notre problème plutôt que de penser à aseptiser ma vie !

– Ça ne donne rien de plus au Milton. On dirait que toute la ville est pleine comme un œuf, dit Elettra en raccrochant le combiné pour la cinquième fois.

– Tiens, à propos d'œuf, on mange quoi, ce soir ? s'exclame Linda. Des tranches de polenta avec un peu de lard fondu ? Ou bien... je pourrai préparer la sériole[1]. On peut la faire au four avec des pommes de terre et du persil frais...

1. Grand poisson méditerranéen. (N.d.T.)

Elettra l'ignore et tente un sixième coup de fil qui ne donne aucun résultat.

– Tout est complet, résume-t-elle.

– Alors..., soupire tante Irène, il ne nous reste plus que le plan B.

– C'est hors de question ! s'insurge Linda. Je ne laisse pas ma chambre à des étrangers.

– Linda, nous n'avons pas d'autre...

– Et puis elle est en désordre. Et ils vont entrer avec leurs chaussures ? Tu sais bien qu'on n'en porte pas dans ma chambre ! Eh non ! Et la salle de bains, il faut la désinfecter. Et une fois qu'ils seront partis ? Je ne pourrai plus jamais l'utiliser ! Il y aura des microbes partout, des virus très contagieux ! Il y a des maladies qui résistent à de la vapeur à cent degrés ! Ils l'ont même dit à la télévision ! Comme le virus de la grippe aviaire venu de Turquie, vous savez tout ça, non ?

– Linda ! l'interrompt Irène en lui saisissant le poignet. Écoute-moi bien... Dans ta chambre, on peut caser les deux femmes. La mère est une styliste. Propre, parfumée. Et elles ne vont y dormir que deux nuits.

Sa sœur grogne, réticente :

– Et où met-on le Chinois ?

– Dans la chambre de Fernando.

– Et Fernando ?

– Sur le divan du séjour.

– Le divan est très fragile ! proteste tante Linda. Tu sais bien que Fernando casse tout ce qu'il touche. En plus il est somnambule !

– Et c'est toi qui dis ça..., intervient Elettra.

– Je ne suis pas somnambule, s'exclame sa tante. Il m'arrive simplement de... parler un peu dans mon sommeil.

– Un peu ? la taquine sa nièce.

Irène essaye de revenir au sujet.

– On loge le couple d'Américains dans la 4. La Française va chez toi, tu viens dormir ici avec moi, récapitule-t-elle. Et on installe le Chinois chez Fernando.

– Fernando ne peut pas dormir sur ce divan, insiste Linda.

– Alors, il dormira *dessous*.

– C'est sale par terre.

– Écoute, Linda, l'interrompt sa sœur, si notre hôtel est toujours plein, c'est parce qu'il n'y a pas d'endroit plus propre et plus parfumé sur toute la planète. Alors... Fernando dormira par terre et toi, Elettra, tu vas préparer les chambres.

Tout le monde semble d'accord.

– Excuse-moi, mais... il manque toujours trois lits. Un pour le fils du Chinois, un pour..., fait soudain Linda.

– Alors les gamins prendront les lits superposés dans la chambre d'Elettra.

– Tu plaisantes ?

– Non, ça les amusera beaucoup. Elettra parle anglais mieux que nous deux réunies. Et sa chambre est parfaite.

– Oui, mais...

– Mais quoi ? l'interrompt la fillette en secouant ses longs cheveux noirs et bouclés. C'est une excellente idée. Allez, tata. On va s'en sortir.

○⊕⊙⊖

– Monsieur Mahler ? demande la jeune fille à l'aéroport.

Elle se tient devant la sortie des vols internationaux, nimbée dans la lumière orangée d'un réverbère. Elle est maigre, avec d'épais sourcils et des mains délicates. Elle porte un manteau à fines rayures verticales, des jeans moulants et de hautes bottes en cuir vert.

L'homme à qui elle vient de poser cette question ne s'est pas arrêté. Il est passé devant elle en feignant d'observer la queue à la station de taxis. Il est vêtu de noir, maigre, les cheveux blancs et raides, les pommettes saillantes et le nez effilé comme un pic à glace. Il a de petits yeux et sa bouche est si fine qu'on dirait une simple fente. Il tire derrière lui une valise noire à roulettes et porte un curieux étui à violon.

– Vous êtes monsieur Mahler ? répète la jeune fille en s'approchant.

Les premiers flocons de neige commencent à tomber.

– C'est possible, siffle l'homme sans déplacer son regard.

– Béatrice, se présente-t-elle. Je suis venue vous chercher.

– C'est clair.

La jeune fille se mord la lèvre.

– Vous voulez bien me suivre ?

– Vous êtes venue en voiture ?

– C'est clair, réplique-t-elle, irritée.

L'homme se retourne enfin. Son regard est froid et distant.

– Bien, dit-il. Je sais que l'aéroport est loin du centre. Et je suis vraiment très fatigué.

– Joe Vinile m'a demandé de vous apporter à manger...

– Pas ce soir, rétorque l'homme. Tout ce dont j'ai besoin, c'est d'un lit et d'une salle de bains.

Béatrice le conduit à sa voiture, une Mini jaune.

– Vous jouez du violon, commente-t-elle, en ouvrant la portière de la voiture.

– Ce n'est pas un violon, répond-il en serrant sa prise sur la poignée de l'étui.

3
LES QUATRE

Lorsque le minibus de Fernando Melodia pénètre dans la cour de la Domus Quintilia, la neige commence à tomber. Les hôtes descendent du véhicule et courent se protéger des gros flocons sous le vieux balcon en bois. Fernando grimpe rapidement les marches qui conduisent à la réception. Les clients déchargent leurs bagages lorsqu'il revient au minibus et leur explique fiévreusement le problème des réservations. Il leur propose la solution de fortune imaginée par les femmes de la maison. Puis il disparaît de nouveau à l'intérieur de l'hôtel sans attendre leur réponse.

Une violente discussion éclate alors entre les clients. Des flocons de neige de plus en plus nombreux virevoltent tout autour d'eux.

Le professeur américain s'immobilise près de l'entrée, l'air furieux.

– C'est une honte ! gronde-t-il. C'est la première fois qu'on me traite ainsi !

Sa femme le tire par le col de sa veste comme s'il s'agissait d'une laisse.

– George... calme-toi...

– Que je me calme ? explose-t-il. Et comment veux-tu que je me calme ? Nous avons réservé une chambre triple et on nous en propose une double ! Où va donc dormir notre pauvre Harvey ?

Le « pauvre Harvey » jette un regard dépité autour de lui.

– Allons-nous-en, lance-t-il sèchement.

Il fait un pas de côté pour éviter les gigantesques valises écossaises de See-Young Wan Ho.

Le Chinois affiche lui aussi un air courroucé.

– Et moi, qu'est-ce que je devrais dire, alors ? J'ai réservé la chambre double que l'on vous a attribuée... et je me retrouve dans une chambre simple ! Et j'ai aussi un fils.

Mais, contrairement au « pauvre Harvey », le jeune Chinois court comme un cabri sous les flocons de neige et commente à voix haute tout ce qu'il voit : le balcon en bois, les quatre statues adossées à la balustrade, l'escalier sombre de l'entrée avec le masque moqueur, le puits au centre de la cour, le minibus de l'hôtel.

Les deux Françaises sont restées à l'écart et ne paraissent pas vouloir participer à la discussion.

Elles se ressemblent comme deux gouttes d'eau et portent des vêtements identiques. Des habits légers et délicats, à la couleur indéfinissable, comme leurs cheveux lisses.

Quand monsieur Miller demande leur avis, madame Blanchard se contente de répondre :

– Il y a eu de toute évidence une erreur dans les réservations.

– C'est une honte ! gronde encore l'Américain.

– Allons-nous-en, insiste son fils, de plus en plus sombre.

– Attendez..., lance See-Young Wan Ho en regardant l'entrée de l'hôtel. Il y a peut-être du nouveau.

– Eh ! ajoute son fils en s'immobilisant sous les flocons de neige.

Elettra vient d'apparaître.

Elle a un visage ovale, un regard sombre et décidé, des cheveux noirs et bouclés en cascade. Elle est accompagnée par une femme tout aussi belle, le visage pimpant, les yeux clairs et les cheveux argentés coupés court. Souriantes et rassurantes, elles ont l'air capables de résoudre tous les problèmes.

– Nous sommes vraiment désolées..., commence à dire la femme. On va arranger ça.

Elettra les invite à entrer.

– Et, si vous êtes d'accord, nous allons poursuivre cette conversation au chaud.

Subjugué par le regard de Linda, le professeur américain change aussitôt d'expression. Il se libère de l'emprise de sa femme et répond à l'hôtesse sur un ton conciliant :

– Mais bien sûr.

Même le «pauvre Harvey» paraît soudain manifester un soupçon d'intérêt. See-Young Wan Ho accepte l'invitation en s'inclinant. Les deux Françaises laissent un Fernando emprunté glisser à leur côté pour s'occuper des bagages. Elettra les conduit ensuite jusqu'à une belle salle à manger au plafond bas, agrémentée de cinq tables fraîchement dressées et de tableaux lumineux suspendus aux murs.

Tante Irène les y attend.

– Je m'appelle Irène, lance-t-elle en affichant un sourire apaisant. Et je suis terriblement désolée pour tout ce qui arrive.

Le professeur américain esquisse un signe de protestation, mais se ressaisit aussitôt.

– Nous n'avons aucune excuse, poursuit la vieille dame, mais nous pensons vous avoir fait une proposition acceptable : la ville est envahie de touristes et vous ne trouverez rien de mieux. Croyez-moi... les chambres que vous allez occuper sont les plus accueillantes de l'hôtel.

– Il manque dans la mienne un lit pour ma fille..., s'inquiète la Française.

– Ce n'est pas un problème, intervient Elettra. Il y a dans ma chambre deux lits superposés. Si... Mistral, c'est bien ça ?

La jeune Française acquiesce timidement.

– Si Mistral est d'accord, elle peut dormir avec moi. Les garçons se partageront l'autre lit superposé. Et tout le monde sera casé.

Mistral attend un signe d'assentiment de sa mère.

– Hao ! s'exclame Sheng avec entrain.

Et il cherche le regard d'Harvey, qui fixe le sol d'un air embarrassé.

Le couple d'Américains discute dans son coin.

La mère de Mistral est la première à se décider, elle hausse les épaules avant de conclure :

– Ma fille a l'habitude d'être indépendante. Si c'est bon pour vous, ça l'est aussi pour moi.

– Vous voulez voir la chambre ? demande Elettra.

– Non, non. Elle est très éloignée de la mienne ?

– Deux rampes d'escalier.

La mère et la fille échangent un sourire amusé avant d'accepter la proposition.

– Parfait, approuve tante Irène, l'air satisfait.

– Il est en effet très tard, intervient Wan Ho en lissant sa veste, et nous avons fait un long voyage. Si mon fils est d'accord, j'accepte moi aussi cette solution.

Tante Irène s'adresse alors aux deux Américains :

– Il ne reste plus que vous.

Monsieur Miller croise les bras sur sa poitrine. Madame Miller se penche pour écarter une mèche rebelle sur le front de son fils, qui s'éloigne aussitôt.

– Ça te convient, Harvey ? Sinon...

– Pour moi, c'est OK, répond-il.

Son regard quitte un instant la pointe de ses pieds pour croiser celui d'Elettra.

Intimidé, il fait brusquement volte-face et va chercher les bagages.

Puis ils quittent tous la salle à manger de la Domus Quintilia en se saluant froidement.

Irène agrippe les roues de son fauteuil et se dirige vers l'ascenseur. Une petite porte grince doucement derrière elle.

– Tu peux sortir, Cœur de Lion, dit-elle en se tournant vers la fente sombre de la porte entrebâillée. Tout danger est écarté.

Fernando Melodia hoche la tête et s'assure que ses hôtes sont bel et bien partis. Ses bras sont chargés de vêtements, de serviettes et de pyjamas.

– Comment savais-tu que j'étais là ?

– Ton sentiment de culpabilité était palpable.

– Je...

Les roues du fauteuil gémissent sur le plancher.

De l'autre côté de la fenêtre, une statue à la silhouette anguleuse contemple le ciel illuminé.

– Occupe-toi du canapé, ricane la vieille dame.

– Je préfère dormir par terre.

– Je crois que c'est préférable. Linda y verra moins d'inconvénients.

– Mince.

– Quoi, mince ?

Fernando regarde l'escalier qu'il vient de descendre.

– J'ai laissé mon roman dans la chambre. Je devrais peut-être aller le récupérer. Ce soir je pourrais...

– Laisse tomber, Fernando, soupire Irène. Je ne crois pas que notre ami chinois ait l'idée de voler ton chef-d'œuvre. Aide-moi plutôt à faire avancer le fauteuil.

Fernando pose ses habits sur une chaise et pousse Irène jusqu'aux portes noires de l'ascenseur.

– Ils ont été difficiles à convaincre ? lui demande-t-il.

– Pas plus que d'habitude, répond-elle avec une pointe d'ironie.

Les battants de fer s'ouvrent en chuintant. Fernando Melodia soulève légèrement les roues, puis fait pénétrer le fauteuil d'une petite poussée dans l'ascenseur.

– Il neige, soupire-t-il. On n'avait plus vu ça à Rome depuis longtemps.

– Grimpons jusqu'aux toits, lui propose alors Irène. On ne peut pas rater la vue de Rome sous la neige.

La Mini jaune s'insinue rapidement dans la circulation du périphérique extérieur. Les petits essuie-glaces luttent contre la neige qui se colle au pare-brise.

L'autoradio déverse une délicate musique symphonique. Une peluche en forme de crâne se balance, suspendue au rétroviseur.

– J'ai entendu beaucoup de rumeurs sur vous, monsieur Mahler, dit Béatrice.

Elle vient de dépasser un fourgon blanc dont les feux de position rouges scintillent comme des papillons entre les flocons de neige.

– Et que disent ces histoires ?

– Elles finissent toutes de la même manière, sourit la jeune fille en se rabattant entre deux véhicules.

– Et elles vous plaisent ?

– Beaucoup.

– Vous aimez les histoires tristes.

– La tristesse est parfois fascinante.

– Pas pour moi.

Le silence s'installe un instant, juste scandé par le rythme des essuie-glaces.

– Je crois que vous n'avez pas compris la nature exacte de mon travail, dit l'homme au violon.

– Joe Vinile prétend que vous êtes une légende.

– Je n'ai jamais entendu parler de Joe Vinile. Une légende de quoi ?

– Du crime.

L'homme aux cheveux blancs secoue légèrement la tête.

– C'est bien ce que je disais. Vous vous méprenez.

– Ce n'est pas la vérité ?

– Je dirais plutôt que je satisfais efficacement certaines attentes.

– C'est une question de point de vue.

– Il n'existe aucun point de vue.

– Il existe quoi, alors ?

– Ce que tu sais faire. Et ce que tu ne sais pas faire.

– Le travail, alors.

Béatrice tient le volant à deux mains.

– Joe m'a dit qu'il s'agissait d'une mission commanditée par...

La main de Jacob Mahler jaillit à la vitesse de l'éclair. Il pointe le doigt vers le nez de Béatrice et murmure d'un ton menaçant :

– Ssst... Ne prononce pas son nom.

Les mains de Béatrice n'ont pas quitté le volant.

Elle fait mine de ne pas voir ce doigt et ricane :

– Et pourquoi ça ? Il n'y a que nous deux.

– Ne prononce *jamais* ce nom, lui répète l'homme au violon en baissant le doigt. C'est un conseil d'ami.

– Donc, nous sommes amis ?

– Un autre conseil ? Pose moins de questions.

Béatrice hausse les épaules.

Elle enclenche une vitesse, puis monte le volume de l'autoradio.

La Mini jaune glisse sur le bitume brillant.

Il tombe de plus en plus de neige.

4
COÏNCIDENCES

– Tu peux entrer, crie Elettra en fermant le robinet du lavabo.

Elle est sûre d'avoir entendu frapper à la porte.

– Entre ! insiste-t-elle en anglais.

Sa chambre est plongée dans la pénombre. Le grillage de la fenêtre filtre une lumière ténue venue de la rue, que les flocons de neige font délicatement vibrer.

La porte qui donne sur le couloir s'ouvre, juste ce qu'il faut pour laisser passer Mistral, la jeune Française.

Elettra lui lance un petit signe de bienvenue et lui indique le lit superposé.

– Il vaut mieux que tu te mettes là, au-dessus de moi, lui conseille-t-elle la bouche pleine de dentifrice. Comme ça, dans les deux autres lits, on peut installer Harvey et...

Elle ne se souvient plus du nom de l'autre garçon.

– Sheng, complète Mistral.

Elle a un gros sac décoré de fleurs lilas. Un pyjama, des habits de rechange, une brosse à dents et du dentifrice. Elle est bien plus grande qu'Elettra. Et elle est très mignonne, avec ses cheveux courts et ses grands yeux, parfaitement ronds et bleus. Juché au sommet d'un long cou, son visage est triangulaire, semblable à celui d'un oiseau aquatique, un échassier calme et attentif. Elle se déplace avec lenteur en prenant garde de ne rien effleurer.

Elettra l'observe avec un œil clinique. Elle jauge ses interlocuteurs sur de simples détails. Un défaut caractéristique de tous ceux qui voient passer des dizaines et des dizaines de personnes que seule l'apparence différencie. Sa première impression n'est pas très prometteuse. Mistral est lente. Elles ne pourront jamais s'entendre. Elettra a l'habitude de tout faire vite, avec assurance, alors que Mistral – cela dit sans méchanceté – ressemble à une grande perche empotée. Et ce n'est pas l'idéal. Surtout pour une jeune fille aussi mignonne.

– Ta chambre est très belle, dit Mistral en anglais avec un charmant accent français.

Sa voix chaleureuse et l'expression de son visage font aussitôt regretter à Elettra sa première impression.

– Tu le penses vraiment? demande-t-elle.

– Oui. Elle est superbe.

Mistral pose son gros sac sur le lit, l'ouvre et en sort des pantoufles en tissu et une serviette blanche.

– Elle sent bon et elle a l'air bien rangée.

– Simple question de survie, crois-moi, plaisante Elettra. Tante Linda tient à ce que tout soit en ordre. Viens, je vais te montrer la salle de bains.

Mistral s'immobilise devant le miroir entouré de petites lumières. Elle caresse les lampes allumées et murmure :

– J'ai toujours rêvé d'en avoir un comme ça.

Mistral regarde son reflet d'un air rêveur. Elettra sourit en l'observant depuis le pas de la porte, heureuse de partager cet instant d'émotion.

– Dire que je l'utilise si peu..., dit-elle.

– Et pourquoi ça?

– J'ai un problème avec les miroirs, avoue Elettra. Plus je me regarde, plus... ils perdent de leur éclat et se troublent.

– Tu plaisantes, n'est-ce pas? lance Mistral.

– Non. Et ce n'est pas tout: je fais griller les lampes et sauter tout ce qui fonctionne à l'électricité en général. Alors un miroir entouré de lampes, c'est pour moi une sorte de... champ miné.

Mistral, intriguée, lui pose quelques questions. Elle semble s'amuser de ces extravagances. Son visage triangulaire, qui se reflète entre les lampes, est l'image même de la tranquillité. Et tout en lui répondant, Elettra substitue au profil de grande perche empotée celui, plus positif, de rêveuse romantique.

– À quoi penses-tu? demande la jeune Française, en posant les mains sur le rebord du lavabo.

Elettra s'arrache à ses pensées.

– Quoi?

– Tu m'examines à la loupe... Je ne me trompe pas?

– Oh, excuse-moi. Ça fait longtemps que...

Elettra ramène ses cheveux sur sa tête, puis les laisse retomber sur ses épaules.

– ... que je n'ai pas partagé ma chambre avec quelqu'un.

Mistral lui sourit en faisant un geste vague de la main.

– C'est à moi de m'excuser. À cause de son travail, ma mère me laisse souvent seule aussi. Et, dès que je suis avec quelqu'un, j'ai l'impression d'être disséquée.

– Je t'assure que je n'étais pas en train de te... disséquer. Au contraire.

– Fais comme si je n'avais rien dit.

– OK. C'est quoi, le métier de ta mère ?

– Elle invente des parfums.

– Elle crée des parfums ? Et comment ?

– Oh, j'aimerais bien faire la même chose lorsque je serai grande. Il faut s'inscrire dans une école. Moi, j'aimerais aller à l'*International Flavors & Fragrances*.

– Tu veux dire qu'il existe des écoles de parfums ?

– En France, oui.

– Et où se trouve celle qui te plaît ?

– Dans une ville de la Côte d'Azur, à Grasse, où on fabrique des parfums depuis des centaines d'années. Ce n'est pas une mince affaire, crois-moi : pour devenir parfumeur, il faut faire de longues études. Tu dois être capable de distinguer les différentes essences : il y a les parfums de tête, de cœur, d'esprit, légers et volatils, et les parfums de terre, qui sont plus persistants. Il y a des parfums intenses, doux, sableux, naturels, chimiques... De quoi donner libre cours à son imagination !

– Waouh ! murmure Elettra, fascinée. Je ne savais pas qu'il y avait des gens qui... étudiaient pour fabriquer des parfums.

Et, tandis que les deux filles se mettent à parler des essences de lavande et des grandes cuves en cuivre dans lesquelles on fait macérer les roses, on frappe à nouveau à la porte.

C'est Sheng, déjà en pyjama.

Le jeune Chinois à la coupe au bol arbore un ensemble bleu à rayures. Il porte d'incroyables baskets rouges.

– J'ai oublié mes chaussons à la maison, se justifie-t-il aussitôt en remarquant l'étonnement des deux filles.

Elettra se prépare à refermer la porte, mais Sheng l'avertit qu'Harvey arrive.

– Je l'ai entendu marcher dans le couloir derrière moi, a-t-il juste le temps de préciser avant que le jeune Américain apparaisse sur le seuil.

Il est plutôt grand mais très courbé. Il paraît porter sur ses épaules toute la misère du monde. Ses cheveux lui tombent sur les yeux, comme s'il ne voulait rien voir d'autre que ses pieds. Il fixe Sheng et dit :

– Moi, je n'ai pas de pyjama. C'est bon quand même ?

– Et tu dors comment ?

– En maillot de corps et boxer, répond-il en rougissant.

– Ça ne nous choque absolument pas, rétorque Elettra en faisant un clin d'œil à la jeune Française. Pas vrai ?

Mistral lâche un rire cristallin. Harvey se précipite vers son lit.

– Je prends celui du dessus, OK ?

– OK, hao, siffle Sheng. J'ai toujours rêvé de dormir en dessous...

Harvey se raidit, comme s'il avait perçu une pointe d'ironie dans la réponse de Sheng.

– Tu préfères le lit du haut, c'est ça ? Pas de problème.

Et, sans attendre la réaction de Sheng, il prend son sac de sport et le jette sur le lit du dessous :

– Alors je prends celui-là.

– Hé ! Mais qu'est-ce que tu fais ? rétorque Sheng, sans se démonter.

– Je dors, répond Harvey, bougon.

Et il disparaît dans l'ombre du lit superposé.

Sheng regarde les deux filles d'un air amusé.

Un début de tension plane dans l'air. Elettra décide de réagir. Elle se penche sur le lit qu'occupe Harvey et détaille le jean ainsi que les chaussures de tennis de l'Américain.

– Tu dors avec tes chaussures, toi ?

Harvey cligne des yeux.

– Qu'est-ce que tu as dit ?

– Je voulais savoir si en Amérique on dormait avec ses chaussures.

Harvey prend soudain conscience qu'il est entièrement habillé.

Sheng montre ses baskets et déclare :

– J'ai oublié mes chaussons. Mais j'enlève toujours mes chaussures avant d'aller au lit.

La neige tombe lentement derrière la vitre de la chambre.

Les deux filles sont assises en tailleur sur le sol. Harvey s'est rendu dans la salle de bains, et Sheng caresse le diffuseur de la lampe de chevet d'Elettra, constitué d'une multitude de fils de verre luminescents.

– Mon père travaille dans le tourisme, explique Sheng.

Il s'exprime parfaitement en anglais.

– Il a une agence de voyages ? demande Elettra.

– En quelque sorte. Il organise des séjours linguistiques : un jeune Chinois va vivre un mois en Europe tandis qu'en échange un jeune Européen est reçu un mois dans une famille chinoise.

– Ça a l'air intéressant.

– Je te le dirai à la fin de mon séjour, murmure Sheng. Je sers de cobaye à Rome, même si mon père a insisté pour que j'aille à Londres.

– Et pourquoi pas Paris ? intervient Mistral.

– Peut-être parce que je préfère *Gladiator* à *Da Vinci Code ?* lance Sheng.

– Paris est unique.

– Et Rome est une très belle ville, réplique Elettra. Ancienne et moderne à la fois.

– Sous la neige, elle est vraiment magique, ajoute Sheng, en se penchant à la fenêtre.

– Tu as de la chance : c'est rare qu'il neige à Rome...

– Tu as déjà rencontré ta famille d'accueil ? demande Mistral au jeune Chinois.

Sheng secoue la tête.

– Non. Je la découvrirai l'an prochain... C'est-à-dire dans quelques jours.

– Et tu ne sais même pas s'il y aura un garçon ou une fille de ton âge ?

– Non, je n'en ai pas la moindre idée.

La porte de la salle de bains s'ouvre et se referme d'un coup. Harvey les rejoint en traînant ses pieds nus.

– J'ai fini. On peut se coucher, si vous voulez ?

Aucune réponse.

Elettra serre les genoux entre ses bras.

– Ça doit être vraiment étrange de vivre un mois loin de chez soi. Je ne sais pas si ça me plairait.

– Un mois où ça ? s'intéresse Harvey.

Sheng lui explique.

– Je n'aimerais pas recevoir un inconnu chez moi, affirme Harvey d'un ton péremptoire.

– On l'aurait parié, rétorque Elettra.

– Et pourquoi ça ?

– Parce qu'on voit tout de suite que tu n'aimes pas la compagnie. Tu n'as pratiquement pas ouvert la bouche depuis que tu es là. À part pour dire : « Je dors. »

– Et qu'est-ce que tu aurais voulu que je dise ? Je suis crevé.

– Un truc du genre : « Je suis crevé, les gars. Et vous ? » C'est ce qu'on appelle « faire la conversation ».

– Je ne saurais pas par où commencer.

– Par ton film préféré, le dernier livre que tu as lu, ou bien le jour de ton anniversaire..., lance Sheng en plongeant les doigts entre les minuscules étoiles lumineuses de la lampe. D'ailleurs je vous parlerai peut-être du mien...

Harvey l'interrompt d'un rire rocailleux :

– C'est vrai que mon anniversaire a quelque chose d'amusant.

– Pas autant que le mien, intervient Mistral.

– Tu parles. Le mien est le plus spécial, insiste Sheng.

– Je ne crois pas, rétorque Harvey, en croisant les mains derrière la nuque. Je suis né le 29 février, incroyable, non ?

Une secousse électrique traverse la chambre. Elettra la sent le long de ses doigts. C'est une secousse venue de l'extérieur, de la rue, ou peut-être même d'encore plus loin. Comme si, très haut dans le ciel, un vieux mécanisme fait d'étoiles et de mystères oubliés s'était mis en marche.

L'air vibre silencieusement, puis devient immobile et froid.

Sheng saisit les étoiles en verre soufflé. Mistral retient sa respiration, assise au pied du lit.

Harvey éprouve une curieuse impression, il s'assoit et lance :

– Énorme, n'est-ce pas ?

Mais sa voix manque d'assurance.

– Vous ne trouvez pas ça étrange ? Le 29 février !

– Moi aussi, je suis né le 29 février, dit Sheng à voix basse en se tournant vers lui.

L'air est encore plus froid. Et la tension électrique redouble de puissance dans les mains d'Elettra.

– Je n'y crois pas, dit Mistral.

Des lueurs d'étonnement brillent dans ses yeux bleus.

– Moi aussi !

Les mains de Sheng se raidissent entre les fils de la lampe.

– Ça alors..., murmure-t-il. C'est... une coïncidence démente.

– Mais tu t'imagines..., amorce Harvey, assis sur le bord du lit.

Elettra doit bouger. Elle a chaud. Il y a en elle comme un volcan en éruption. Elle s'approche de la fenêtre, l'ouvre en grand pour laisser entrer l'air froid de la nuit. « Comment est-ce possible ? », pense-t-elle. Elle lève la tête. Le ciel est nuageux. On ne voit aucune étoile.

Mais ça ne signifie pas qu'il n'y en a pas.

Elle ferme les yeux. Quelques flocons se posent sur son visage et fondent comme des larmes. Ses mains sont tellement chaudes que ses doigts lui font mal.

Quand elle ouvre à nouveau les yeux, elle se rend compte qu'aucun de ses compagnons n'a bougé.

Harvey le Sauvage.

Mistral la Rêveuse.

Sheng le Joyeux.

COÏNCIDENCES

– Je ne crois pas aux coïncidences, dit Elettra d'une voix tremblante.

Elle est logique, rationnelle, très ordonnée. Elle comprend tout de suite les gens. Elle catalogue, classifie et a toujours une explication pour tout. Sauf quand il lui arrive de griller les lampes ou de détériorer les miroirs. Sauf quand une imprimante s'emballe à son passage et qu'un écran de télévision change de couleurs.

Et elle ne croit pas aux coïncidences. Pas de cette nature en tout cas.

Parce qu'elle aussi est née le 29 février.

Elle le dit aux autres, puis ressent le besoin de s'appuyer sur quelqu'un. Elle effleure l'épaule de Sheng. Et toute la tension et la chaleur accumulées dans son corps s'écoulent tel un fleuve en crue.

– AHI ! hurle le jeune Chinois en éprouvant une brûlure.

La lampe en verre soufflé qu'il serre entre les mains lance un éclair aveuglant, puis se brise en mille morceaux.

5
L'APPEL

La circulation romaine ralentit, puis finit par s'immobiliser sous un manteau neigeux. Calfeutrée dans sa Mini jaune, Béatrice essaye d'ignorer ce qui se passe autour d'elle. Elle monte le volume du lecteur de CD et s'abandonne à la musique. Elle est entourée d'interminables files de voitures, qui klaxonnent tous feux allumés. Les statues gardiennes des ponts du Tibre l'observent d'un regard sévère.

Béatrice a accompagné Jacob Mahler jusqu'au petit pavillon qu'on lui a loué à sa demande dans le quartier Coppedè, près du cours Trieste. Il voulait dormir au milieu de ces bâtiments bizarres et menaçants, pleins de visages étranges, de masques, de créneaux, de petites tours, de lys, de roses et de branches qui s'entrecroisent sous les toits en pointe.

« Si ça lui plaît, tant mieux pour lui... », songe Béatrice.

Elle appuie la tête contre la vitre. Elle est fatiguée. La froideur du verre est agréable contre sa joue : elle gèle ses pensées les plus sombres. Elle espérait beaucoup de cette journée, et elle a l'impression d'en avoir peu profité. Elle ne s'attendait pas à ce que le « grand Jacob Mahler » soit plus avenant... Mais elle a été déçue par son arrogance gratuite. Et elle n'a pas su lui tenir tête.

Jacob Mahler est sûr de lui et terriblement distant.

On dit qu'il y a peu d'assassins tels que lui dans le monde.

Son parfum de violette flotte encore à l'intérieur de la Mini.

Béatrice ferme les yeux et repense à l'instant où ils se sont quittés.

– Qu'est-ce que je dois dire à Joe Vinile ? lui a-t-elle demandé en le déposant devant le pavillon aux balcons soutenus par d'antiques personnages mythologiques.

– Dis-lui que nous avons rendez-vous demain à 11 h 11.

– Ici ?

Les flocons de neige qui se collaient aux cheveux de Mahler ressemblaient à des araignées blanches.

Il a secoué la tête. L'a fixée de son regard clair et tranchant, et a indiqué le portail en fer forgé hérissé de pointes du pavillon.

– Je ne suis pas là. Pour personne.

« Imbécile », a pensé Béatrice. « Personne ne sait que Jacob Mahler est arrivé à Rome. »

– On peut se retrouver au restaurant de Joe, alors ?

Jacob Mahler a secoué la tête une seconde fois, l'air amusé.

– Où, alors ?

– Au meilleur café de Rome. À 11 h 11.

Puis il s'est dirigé vers le portail.

– Monsieur Mahler ? a hurlé Béatrice. Monsieur Mahler ? Mais quel est le meilleur café de Rome ?

Le vent a fait tourbillonner les flocons de neige, dressant un rideau blanc entre elle et Jacob Mahler.

Lorsqu'elle a pu regarder à nouveau, il avait disparu.

Un coup de klaxon lui fait brusquement réintégrer la réalité. Devant elle, les véhicules se sont déplacés de quelques mètres. Béatrice enclenche la première et avance. Elle ne sera probablement pas rentrée avant plusieurs heures. Et elle aimerait bien se coucher et dormir.

Elle se sent gagnée par un sentiment d'angoisse et d'impuissance. Elle cherche son téléphone et fait défiler la liste des noms, jusqu'à celui de Joe Vinile. Elle sélectionne la touche vocale, observe l'écran du mobile, mais ne trouve pas le courage d'appeler. Elle lui envoie un message : *RDV demain 11 h 11 au meilleur café de Rome.*

– Le diable l'emporte ! hurle-t-elle.

Elle lance le portable à l'arrière. Serre le volant de toutes ses forces et compte les minutes qu'il lui faut pour avancer d'un mètre. Le téléphone se met alors à sonner.

Béatrice le récupère en se contorsionnant, vérifie le numéro et constate avec soulagement qu'il ne s'agit pas de Joe, ni même d'un de ses ex.

– Béatrice ?

C'est Jacob Mahler.

Elle entrouvre légèrement la bouche. Une boule d'angoisse lui noue l'estomac, tandis qu'elle se demande comment il a pu avoir son numéro personnel.

– Je t'écoute.

Béatrice se mord les lèvres : elle vient de le tutoyer.

– Les plans ont changé, poursuit Jacob Mahler.

– Ce qui veut dire ?

– Nous avons quelque chose à faire ce soir.

– Tu as eu Joe Vinile ?

– On doit rencontrer un homme.

– Où ça ?

– Sous le pont Sisto. Dans une demi-heure.

– C'est impossible, rétorque Béatrice. Je suis coincée dans la circulation. Il neige beaucoup et ça n'est pas près de s'arrêter.

– Trouve une solution. C'est très important.

– Il n'y a pas de solution ! Tout est bloqué.

– Et c'est pour ça que, *nous,* nous allons bouger. Je t'attends ici. Je compte sur toi.

Béatrice se prépare à protester, mais Jacob Mahler a déjà raccroché.

« Essaye de réfléchir », se dit la jeune femme.

Pour revenir au quartier Coppedè, Béatrice doit atteindre le premier feu et emprunter la rue transversale qui grimpe la colline, après le carrefour.

Les voitures sont alignées sur trois voies. Une interminable enfilade de lumières blanches et rouges au milieu de la neige. À ce rythme, elle n'arrivera au feu que dans une demi-heure.

Et Béatrice n'a pas une demi-heure à sa disposition.

Tout est bloqué.

Et c'est pour ça que nous allons bouger.

Trouve la solution.

Tout à coup, il lui vient une idée folle ! Elle récupère d'un geste son manteau sur le siège arrière. Pose une main tremblante sur la poignée de la portière.

Et c'est pour ça que nous allons bouger.

Béatrice respire un grand coup. Elle éteint le moteur, ouvre la portière et descend de la voiture, l'abandonnant sur la chaussée.

– Je suis devenue folle, se dit-elle en se glissant entre les autres voitures. Complètement folle.

Des coups de klaxon éclatent dans son dos, mais Béatrice ne se retourne pas. Elle se met à courir, rejoint le feu et franchit le croisement. Là, comme elle l'avait deviné, les voitures avancent sans problème.

– Les mystères de la circulation romaine, murmure-t-elle avec un sourire.

Elle fait de grands gestes pour obliger une voiture noire à s'arrêter.

– Je peux vous aider ? lui demande le conducteur en abaissant sa vitre.

– Oui, répond Béatrice.

Les lumières de la ville s'éteignent alors brusquement. Les feux de signalisation. Les réverbères. Et enfin les enseignes et les lumières des maisons.

Rome sombre dans le noir.

– Que se passe-t-il ?

Le jeune homme regarde autour de lui d'un air stupéfait. Il quitte instinctivement sa voiture et laisse la porte ouverte.

Pour Béatrice, c'est un signe du destin.

– Ça ne te dérange pas si je prends ta voiture ? dit-elle.

Il pense qu'elle plaisante et rétorque :

– Vas-y, ne te gêne pas. Vole-la tant que tu y es !

– Pourquoi pas...

Sans lui laisser le temps de réagir, Béatrice plonge sur le siège conducteur, agrippe le volant et démarre sur les chapeaux de roues en projetant un nuage de neige boueuse.

Le jeune homme se jette à sa poursuite en la couvrant d'injures.

Il neige.

La Mini jaune est abandonnée au milieu d'une file de voitures.

Béatrice vient d'en voler une.

Rome est dans l'obscurité totale.

Mais son seul souci est de rejoindre Jacob Mahler.

6
L'OBSCURITÉ

La chambre est plongée dans le noir. Elettra est agenouillée près de Sheng.

– Tu t'es fait mal? s'inquiète-t-elle.

La lampe à étoiles s'est brisée en mille morceaux sur le parquet.

– Non, mais...

– Mistral? Harvey?

– Je suis ici.

– Moi aussi.

– Personne n'est blessé?

– Non.

– Que s'est-il passé?

Les quatre jeunes gens se rapprochent les uns des autres à quatre pattes.

– Faites attention au verre.

– Il y en a partout, avertit Sheng.

Elettra cherche l'interrupteur. Le trouve et l'actionne sans succès. Elle va dans la salle de bains. Pas de lumière non plus.

– Plus rien ne fonctionne. Le compteur a dû sauter.

– Une flamme, dit Harvey. Il y a eu comme une flamme.

– Je l'ai vue sortir des mains de Sheng, balbutie Mistral.

Sa voix tremble comme la corde d'un violon.

– Nom d'un chien ! Nom d'un chien ! répète Sheng.

Comme s'il ne pouvait rien dire d'autre.

La pièce est entièrement plongée dans l'obscurité. La seule lumière visible est le reflet de la neige qui tombe dans la cour. Une cour sombre comme le fond d'une boîte noire.

– Où vas-tu ? demande Harvey, en entendant Elettra traverser la chambre.

Elle s'assoit sur le bord du lit et enfile une paire de chaussures.

– Je vais jeter un coup d'œil dans le couloir.

– Je viens avec toi, lui propose l'Américain, soudain motivé.

Mais Elettra pense à tout autre chose. À cette décharge d'énergie qui s'est accumulée en elle. À la manière dont elle l'a transmise à Sheng, juste en lui effleurant l'épaule. Et comment cette énergie a fait exploser la lampe de sa tante.

Elle est effrayée. Elle sent ses os vibrer.

La lampe a explosé en une éblouissante lumière blanche.

Harvey cherche à tâtons ses chaussures au fond du lit.

– Je savais bien qu'il ne fallait pas que je les enlève, plaisante-t-il.

– Vous n'allez tout de même pas nous laisser ici ? s'inquiète Mistral.

Elettra s'approche de la porte.

– Je vais vérifier si la lumière fonctionne dans le couloir.

– Ça y est, je les ai, dit Harvey.

Puis il se tapote les jambes et réalise qu'il est en boxer.

– Encore un petit instant, murmure-t-il.

Rapide bruissement du jean.

Elettra ouvre la porte et actionne l'interrupteur du couloir.

Tac tac. Ça ne marche pas ici non plus.

– Nom d'un chien, s'exclame Sheng pour la énième fois.

– On fait quoi maintenant ?

– Je vais aller voir le compteur général, déclare Elettra.

– Tu n'as pas une bougie ?

– À la cuisine, peut-être, répond-elle.

– Où es-tu ? demande Harvey en tâtonnant dans la chambre.

Il trébuche contre quelque chose, qui émet un bruit menaçant.

– Mon sac ! s'exclame Sheng.

– Ne bouge pas, Harvey ! ordonne Elettra, avec une pointe d'hystérie. Restez tous tranquilles ! Laissons nos yeux s'habituer au noir.

– Je ne vois rien, dit Sheng.

Harvey non plus. Il ne bouge pas.

Tout le monde se tait.

« Il ne peut pas faire *aussi* sombre », pense Elettra.

– Je commence à distinguer quelque chose, dit Harvey quelques instants plus tard. Elettra, tu es près de la porte. Et j'aperçois également les lits.

– Moi aussi, murmure Mistral.

– Moi, je ne vois toujours rien, insiste Sheng.

Elettra acquiesce. La luminosité de la neige lui permet de distinguer la silhouette des meubles. Mais de l'autre côté de la porte, le couloir est totalement noir.

– On devine les formes, dit-elle.

– Vous avez de la chance, rétorque Sheng. Parce que moi... L'explosion m'a rendu aveugle. Hé !

Les mains de Mistral lui effleurent le visage.

– Pas de panique, Sheng. C'est moi.

– Qu'est-ce que tu fais ? s'écrie-t-il.

Sheng sent les mains de la jeune fille lui caresser le visage.

– Je pense que tu n'as rien, Sheng. Il suffit juste que tu ouvres les yeux.

Sheng tressaille, l'air embarrassé.

– Je dois... ? Quoi ?

– Tu as les yeux fermés.

Sheng essaye de se détendre et d'ouvrir lentement les yeux.

Et c'est au tour de Mistral de tressaillir.

– Sheng ! s'exclame-t-elle. Regardez tous !

– Qu'est-ce qu'il y a ? demande-t-il, paniqué.

Il voit s'avancer les ombres d'Harvey, grand échalas voûté, et d'Elettra, aux sauvages boucles noires.

– Tes yeux, dit Mistral.

– Qu'est-ce qu'ils ont ? s'inquiète-t-il.

Il se les touche du bout des doigts.

– Je dois être en train de rêver ! s'exclame Harvey.

– Mais quoi ? !

– On dirait de l'or, murmure Elettra. Deux pierres précieuses.

– Vous plaisantez, n'est-ce pas ?

Mistral secoue la tête.

– Non, vraiment. Tu as deux énormes yeux de chouette.

– Jaune d'or, ajoute Elettra.

– Mais ça disparaît peu à peu, commente Harvey.

– De quoi tu parles ?

– De ce que tu as dans les yeux. C'est en train de fondre.

– De fondre ?

– Ça brille moins, précise Harvey.

– Qu'est-ce qui brille moins ? tente de comprendre Sheng.

– Ça te fait mal ?

– NON ! hurle Sheng.

– Et tu y vois bien ?

– Tout est... jaune. Vous, les lits, la porte du couloir, la salle de bains.

– Tu arrives à voir jusqu'à la salle de bains ? s'étonne Harvey.

– Oui... mais... Vous, non?

– Non, répond Harvey.

– Moi non plus, confirme Mistral.

– Tout est dans le noir, Sheng. On ne voit rien, conclut Elettra.

– Bon sang... Qu'est-ce qui m'arrive? se lamente Sheng.

– Je pars vérifier les compteurs, décide Elettra en faisant volte-face.

– On vient nous aussi, s'exclament les trois autres de conserve.

Peu de temps après, ils se dirigent à tâtons vers la salle à manger.

– Je vois de moins en moins jaune et de moins en moins loin, commente Sheng.

– Tes yeux sont maintenant presque normaux, lui indique Mistral.

– Un court-circuit qui te transforme en oiseau de nuit. Pas mal, remarque Harvey.

– La prochaine fois c'est toi qui fais l'expérience, OK? plaisante Sheng.

Elettra marche devant eux. Elle connaît ce couloir par cœur, mais quelque chose l'inquiète. Elle a la désagréable impression d'être en partie responsable de ce qui arrive.

Ils atteignent la salle à manger avec ses petites tables bien alignées : dans la pénombre, les nappes blanches ressemblent à de grandes fleurs endormies.

L'éclairage de sécurité de l'ascenseur est éteint.

« Le compteur a dû sauter », commente Elettra pour elle-même.

Elle traverse la pièce en frôlant les tables et en faisant tintinnabuler les tasses en porcelaine.

– Ça arrive souvent ? demande Sheng.

– Parfois, ment Elettra.

Quelques instants plus tard, ils sont en bas des escaliers devant la grande porte qui donne sur la cour.

– On n'y voit que dalle, dit Sheng, désolé.

– Tata ? murmure Elettra en entendant du bruit à l'étage.

Silence.

– On dirait qu'ils dorment profondément.

– C'est ce qu'il y a de mieux à faire pendant une panne de courant, observe Harvey. On peut ouvrir la porte pour essayer d'y voir plus clair ?

– Aide-moi, s'il te plaît, ordonne Elettra.

Elle pousse deux énormes verrous qui glissent, bien huilés, sans le moindre bruit. La porte s'ouvre d'un coup.

Dehors, un manteau blanc recouvre toutes choses. Fin, léger et compact, il étouffe les bruits ; il adoucit les contours carrés de la cour, le puits, l'horrible silhouette du minibus. Sur le balcon, les quatre statues arborent d'abondants cheveux blancs.

– On a l'impression d'être dans le film *Le Seigneur des anneaux*, dit Harvey. Je ne serais pas étonné de voir apparaître le mage Gandalf.

Mistral se mordille la lèvre, sans rien dire. Elle aussi trouve cette cour magique, mais elle lui évoque des choses plus poétiques qu'un simple film.

La porte grande ouverte laisse filtrer un peu de clarté dans le hall de l'hôtel. On perçoit le renfoncement des escaliers, le comptoir de la réception avec un gros porte-parapluies en cuivre et des plantes de jardin.

– Elettra ? appelle Sheng en constatant que la jeune fille a disparu.

– J'arrive.

On entend le bruit des tiroirs qui s'ouvrent et qui se ferment, puis la voix d'Elettra :

– Fantastique, j'en étais sûre !

Elle réapparaît de derrière le comptoir, un paquet de cigarettes à la main.

– Tu fumes ? lui demande Harvey, choqué.

Elettra sourit. La réverbération de la neige fait briller ses dents blanches.

– Non. Mais ma tante Linda, oui. Elle nous fait croire qu'elle ne fume plus depuis des années. J'étais persuadée qu'elle avait des clopes cachées quelque part en cas d'urgence. Et les voilà.

Elle sort alors du paquet un briquet en plastique vert.

Harvey actionne la molette du briquet. Une flamme jaillit et éclaire les escaliers qui descendent à la cave.

– Mon dieu, quel endroit !

C'est une ancienne cave en pierre, en dédale, dont les pièces sont remplies de vieux objets.

– C'est magnifique, commente Mistral en savourant l'atmosphère.

– Waouhou, super ! s'exclame Sheng, subjugué par l'escalier qui s'enfonce dans le sous-sol.

– Les compteurs sont quelques marches plus bas, dit Elettra en quittant le seuil.

Harvey lève le briquet pour éclairer une rangée de boîtes noires à l'intérieur desquelles brille un disque métallique immobile.

– Les plombs ont dû sauter.

– Tiens ! Il y a de l'écho, observe Mistral.

– Et un sale rat, ajoute Elettra.

Elle s'avance et examine les compteurs.

– Tu as raison, Harv. Il faut changer les fusibles.

La flamme éclaire le regard du jeune Américain.

– Bien sûr, Elly, lui répond-il en posant une main sur son épaule.

Elettra bat des paupières : « Elly ? Non mais ça ne va pas », songe-t-elle. Elle hait les surnoms. Et c'est à elle de décider le degré de familiarité qu'on peut lui manifester.

– Je ne m'appelle pas Elly, dit-elle en se dégageant.

– Dans ce cas-là, je ne m'appelle pas Harv, réplique-t-il durement.

Puis il laisse s'éteindre la flamme du briquet.

La cave se retrouve plongée dans le noir.

« Ce garçon me plaît », pense Elettra.

Sous la neige, la cour de la Domus Quintilia dégage un charme suranné.

Un unique coup de cloche, long et puissant, fait frissonner Elettra.

– Je devrais peut-être aller réveiller mon père. Ou bien ma tante.

– Et pourquoi ? l'interroge Harvey. S'il n'y a toujours pas d'électricité, ça ne changera rien. Même le clocher est plongé dans le noir.

Mistral indique aux autres la silhouette verticale du clocher de Santa Cecilia.

– Il était éclairé quand nous sommes arrivés.

– C'est vrai, s'écrie Sheng. Hao!

– Pourquoi tu répètes toujours ce mot? lui demande Mistral.

– Hao? C'est une exclamation. Ça veut dire «beau», «fort».

Elettra secoue la tête.

– C'est la première fois que je vois un truc pareil...

– C'est la malédiction du 29 février, plaisante Harvey. Quatre personnes nées le 29 février se retrouvent dans la même ville, dans le même bâtiment...

– Dans la même chambre, précise Sheng.

– Et font sauter l'électricité dans tout Rome.

Elettra regarde la neige s'amonceler sur le puits. Le rythme de son cœur s'accélère, et ses pensées s'emballent. Harvey a raison: la lumière a sauté juste après qu'elle a transmis son énergie à Sheng. Et, lorsque cela s'est produit, la lampe a éclaté et les yeux du jeune Chinois sont devenus deux pépites jaunes.

– On pourrait aller jeter un coup d'œil..., commence-t-elle, l'air préoccupé.

– Où ça ? demande Sheng.

– Hors de l'hôtel. Pour voir si la lumière a bien sauté partout.

Mistral frissonne.

– Moi, je ne viens pas. Il fait trop froid.

Ils sont tous en pyjama, excepté Harvey, qui a enfilé son jean.

– On va attraper la crève, dit Sheng.

– On passe quelque chose de chaud et on visite la ville, répond Harvey en croisant le regard d'Elettra.

7
LE PONT

Le quartier de Trastevere se dresse, silencieux et immobile, comme dessiné au fusain sur le tapis neigeux. Bâtiments austères, toits en pente, portiques sombres, gouttières collées les unes contre les autres, cheminées branlantes.

Entièrement dans l'ombre.

Les quatre adolescents quittent l'hôtel, l'air circonspect. Ils laissent l'église Santa Cecilia derrière eux et se dirigent vers le fleuve. Leurs pas craquent sur la neige compacte et s'enfoncent doucement.

Sheng ne cesse de parler : il protège ses cheveux de la neige avec le bonnet de douche de l'hôtel.

– Tu ressembles à un dingue, avec ce truc, lance Harvey.

Après l'explosion et la panne de courant, l'humeur d'Harvey a radicalement changé. Il se sent bien mieux et sûr de lui.

Les jeunes débouchent sur la place in Piscinula, où les gens se sont regroupés pour commenter cette étrange coupure d'électricité. Éclairés par les phares des voitures, ils regardent les immeubles obscurs d'un air perplexe. Certains s'amusent de la situation, d'autres s'en plaignent. Des étudiants ont abandonné leurs sacs à dos pour se lancer dans une frénétique bataille de boules de neige.

Elettra repère un couple qui se tient un peu à l'écart et leur demande s'ils ont des informations sur la panne.

– Le quartier de Trastevere est dans le noir, lui répond la femme. Tout comme ceux des Parioli et de l'Esquilino. Mais certains secteurs ont été épargnés.

– C'est à cause de ce maudit passage souterrain, grommelle l'homme en se lançant dans une sévère critique des travaux de voirie. Vous n'entendez pas ce boucan ?

Les jeunes gens tendent l'oreille et perçoivent un lointain concert de klaxons.

Entre la neige et les feux de signalisation qui ne marchent pas, les rues sont plongées dans le chaos.

Mistral évite de justesse une boule de neige et en lance une au hasard.

– Oh, oh. Mauvaise idée, commente Harvey.

– Bien au contraire ! Excellente idée ! s'exclame Sheng en rejoignant Mistral.

Et la bataille de boules de neige gagne rapidement toute la place.

Sans la lumière des réverbères et des enseignes au néon, ce vieux quartier de Rome, avec son dédale de ruelles pavées et de palais endormis, a pris l'allure d'un décor de conte de fées.

– Et si on allait jusqu'au Tibre ? propose Elettra entre deux lancers de boules de neige.

– C'est loin ? demande Mistral.

– Non, juste derrière.

Arrivés au bord du fleuve, les jeunes gens découvrent que la ville est partagée en deux zones : une éclairée, et l'autre noire et silencieuse.

– Bon, il ne s'agit donc pas d'une coupure générale ! note Elettra, quelque peu rassurée.

Les autres ne disent rien. En admirant les reflets de lumière sur l'eau et la danse alanguie des flocons, Mistral se laisse aller à la rêverie.

– Il y a quoi, là-dessus ? demande-t-elle en indiquant l'île Tibérine, qui se trouve à la jonction des deux zones.

– Il y a l'hôpital Fatebenefratelli, un restaurant, deux églises et...

– Quoi ?

– La Vierge de la Lumière, conclut Elettra en riant bizarrement.

– Un nom approprié, souligne Harvey. On va la voir ?

– C'est impossible. La Vierge est à l'intérieur de l'église, qui est fermée la nuit.

– Je voulais parler de l'île, précise Harvey.

Ils s'acheminent vers le plus vieux pont de la ville, qui se découpe sur le Tibre telle une sombre parenthèse.

– C'est le pont des Quattro Capi, précise Elettra. Au milieu du pont, il y a quatre têtes. Selon la légende, ce sont celles des architectes qui l'ont construit. Ils n'arrêtaient pas de se quereller et furent décapités à la fin des travaux. Leurs têtes ont été sculptées sur le pont pour qu'ils soient enfin réunis dans la mort.

– Quelle horreur ! s'indigne Mistral.

– Il y a en réalité huit têtes. Quatre plus quatre, précise Elettra, en traversant le pont enneigé. Et il ne s'agit même pas des têtes des architectes, mais celles de Giano Bifronte.

– Et c'est qui, celui-là ? interroge Harvey.

– C'est une divinité à deux visages. Un qui regarde le passé et l'autre le futur.

Le Tibre coule lentement sous les pieds des jeunes gens. Les flocons de neige disparaissent dans l'eau sombre du fleuve et les rafales de vent dansent sous la voûte du pont.

– Cette ville me fait une étrange impression, murmure Mistral.

Elle aimerait avoir un papier et un crayon pour pouvoir la dessiner, mais surtout pour imprimer chaque détail dans son esprit.

– Je pourrais la contempler toute la nuit.

– On va sur l'île ? insiste Sheng avec impatience.

– Un instant, dit Elettra en s'immobilisant près des têtes sculptées. Vous n'avez pas chaud ?

– Chaud ? s'étonne Harvey. Mais tu es folle ? On est presque congelés !

Mistral, plus prévenante, s'approche d'elle et lui demande gentiment :

– Elettra ? Tout va bien ?

– Bien sûr.

– Tes cheveux sont étranges...

Au contact de la main de Mistral, Elettra croit s'enflammer. Ses cheveux sont comme des serpents noirs, durs et emmêlés.

Elle scrute le ciel. Quelques étoiles scintillent entre les nuages.

Et, de l'autre côté du pont, il y a un homme qui court dans leur direction.

Il paraît épuisé. Il se met à tituber en regardant derrière lui d'un air effrayé. Il s'arrête pour reprendre son souffle, puis recommence à courir.

À quelques mètres des jeunes gens, il tombe sur le sol sans émettre le moindre son, tente de se relever, n'y parvient pas.

– À l'aide ! hurle-t-il toujours à terre.

Il serre entre ses bras une vieille mallette en cuir marron.

– À l'aide ! insiste-t-il.

Elettra, Harvey, Sheng et Mistral sont tétanisés, incapables du moindre mouvement ni de détacher leur regard de cet homme. Il doit avoir soixante ans, peut-être soixante-dix. Il porte un imperméable très élégant.

– Nom d'un chien ! s'exclame Sheng, stupéfait.

Harvey recule d'un pas.

– Allons-nous-en...

Mistral agrippe l'épaule d'Elettra et la tire en arrière.

– Il a l'air ivre ! murmure-t-elle.

Mais Elettra le regarde toujours. L'homme a remarqué leur présence. Il tourne son visage vers elle. Et...

Elettra éprouve une curieuse sensation : elle croit le reconnaître tout en étant persuadée du contraire.

Il a un visage maigre, creusé, une longue barbe blanche.

Une expression qui lui est étrangement familière, même si elle est sûre de n'avoir jamais vu cet homme auparavant.

– Au secours ! Aidez-moi ! répète-t-il, animé d'une nouvelle énergie.

Il tend la main.

– Je vous en prie...

Ses doigts sont raides et blanchis par le froid. Son regard est implorant mais décidé.

– Elettra..., chuchote Mistral derrière elle. Laisse tomber.

L'homme étendu à terre serre la mallette contre sa poitrine tout en la fixant résolument. Comme s'il l'avait lui aussi reconnue.

– Qui êtes-vous ? demande Elettra à voix basse.

Les lèvres de l'homme, bleuies par le froid, répètent un mot inaudible.

– Que... Que dit-il ? s'inquiète Elettra.

Elle est en sueur.

– Vous ne trouvez pas qu'il fait horriblement chaud ?

– Allez ! insiste Harvey.

– Filons d'ici ! approuve Mistral.

Elle a presque réussi à convaincre Elettra de partir, lorsque celle-ci comprend enfin le mot que l'homme répète avec obstination.

Elle court brusquement vers lui.

– Venez ! ordonne-t-elle aux autres. Il faut l'aider !

En la voyant s'approcher, l'homme essaye de se tourner sur le côté pour se relever. Elettra le saisit par le bras, mais il est trop lourd. Ses habits sont trempés. Et il grelotte.

Elle fait tomber la neige de ses cheveux, attendant que quelqu'un vienne l'aider.

Harvey la rejoint.

– Tu es folle, lui dit-il. J'espère que tu sais ce que tu fais.

– Non, avoue Elettra.

Elle prend l'homme d'un côté et Harvey le saisit de l'autre. À eux deux, ils arrivent à le redresser.

Il titube, tousse, se retient au parapet.

– Merci..., murmure-t-il. Vous... vous...

Ses mains ne cessent de trembler. Son pantalon est déchiré au niveau des genoux.

– Qui êtes-vous ? l'interroge Elettra. Et pourquoi m'avez-vous dit ce mot ?

L'homme secoue la tête.

– C'est commencé ! C'est commencé ! hurle-t-il, en indiquant quelque chose derrière lui.

La neige empêche de distinguer quoi que ce soit, hormis la partie éclairée de l'île Tibérine.

– Qu'est-ce qui a commencé ? lui demande Harvey.

L'homme lui lance un regard halluciné.

– Tu le sais bien. Vous le savez tous ! C'est en train d'arriver ! Ils le savent. Et eux aussi sont là !

– Qui ça « eux » ? insiste Elettra. Et vous, qui êtes-vous ?

L'homme regarde derrière lui.

– Ils sont trop près, maintenant.

Il serre la mallette en cuir contre sa poitrine, comme s'il voulait la broyer.

– Trop près de quoi ? rétorque Elettra.

– Allons-nous-en ! lance Harvey d'un ton décidé.

– C'est eux ! s'écrie l'homme en voyant apparaître quelqu'un derrière les deux jeunes gens.

Elettra et Harvey se retournent. Mais il s'agit de Mistral et de Sheng affublé de son ridicule bonnet de bain.

– N'ayez pas peur, nous sommes tous les quatre ensemble, explique Elettra en soupirant.

– Quatre. Quatre. Quatre, scande l'homme.

– Les gars, murmure Sheng. Vous êtes sûrs que tout va bien ?

– À ton avis ? lui répond Harvey d'un ton sarcastique.

L'homme se tortille la barbe et les cheveux.

– Qui êtes-vous ? répète Elettra pour la énième fois.

Il la dévisage, les yeux écarquillés, puis retrouve soudain son calme.

– Je ne sais pas. Mais tu dois m'aider, avant qu'ils arrivent.

– Je ne comprends pas ce que vous dites.

L'homme lui tend la mallette en cuir marron.

– Tiens.

– Je ne la veux pas ! C'est quoi ? Et pourquoi… ? Je ne vous connais même pas !

– S'il te plaît, insiste l'homme. Ils sont en train de me chercher. Je n'ai pas le temps de t'expliquer. Personne ne l'a. Personne.

Elettra jette un œil à Harvey, qui hausse les épaules. Mistral est aussi pâle qu'un fantôme, et Sheng est sur le point de prendre ses jambes à son cou. La neige danse autour d'eux en tourbillonnant. Une étrange énergie vibre au bout de ses doigts.

Il n'y a rien à comprendre. Il n'y a que l'instinct qui compte. Et le sien lui dit d'accepter la mallette de l'inconnu.

– Que voulez-vous que je fasse ? lui demande-t-elle en la saisissant.

– Mets-la en sécurité, lui ordonne l'homme.

Son visage est maintenant plus détendu, comme s'il s'était libéré d'un poids insoutenable.

– Je reviendrai la prendre dès que possible.

Elettra acquiesce.

– Quand ?

L'homme lui effleure la joue de la main et, contrairement à son habitude, Elettra ne recule pas.

– Rapidement. Et merci.

Il détaille Harvey, Mistral et Sheng d'un regard étrangement triste.

– Fuyez, ajoute-t-il. Avant qu'ils arrivent.

Il regarde derrière lui.

Et se remet à courir.

Ils sont tous regroupés autour d'Elettra et sa mallette en cuir.

– Elle est lourde ? demande Sheng.

– Non.

– Nom d'un chien ! s'exclame-t-il en ôtant son bonnet de bain. Il se passe toujours des trucs aussi bizarres à Rome ?

Elettra essaye de respirer calmement.

– Qu'est-ce qui t'a pris ? s'écrie Harvey sur un ton accusateur.

– Je ne sais pas. Il avait besoin d'aide. Il était effrayé… Et puis… il répétait ce mot.

– Quel mot ?

– Au début, je ne comprenais pas. Et soudain quelque chose s'est débloqué dans ma tête.

– Alors, c'était quoi ? s'impatiente Sheng.

– Un nombre.

Les flocons de neige sont comme des milliers d'insectes blancs.

– 29. Comme le jour de notre anniversaire.

L'homme à l'imperméable s'éloigne du pont des Quattro Capi.

Il court. Et il court encore.

Il descend les escaliers qui conduisent sur les berges du Tibre et file sans jamais se retourner. Sans la mallette, il se sent léger et étrangement satisfait, et cela fait des jours, des semaines, des mois qu'il ne s'est pas senti aussi bien.

Il rit, trébuche le long de la berge, retrouve son équilibre et continue de rire.

Sur sa droite, le mur noir qui longe le Tibre se perd dans les nuages. Le fleuve coule en grondant, à moins d'un mètre sur sa gauche. Tout le reste est lointain, silencieux, irréel. Comme si le monde se résumait à ce mur sans fin et au fleuve qui ondule tel un serpent liquide.

L'euphorie l'a maintenant gagné.

Il s'arrête pour reprendre son souffle et jette un œil autour de lui. Il a rejoint de sombres arcades. Des buissons noirs ont piégé sur leurs branches épineuses des bouts de tissu et de plastique.

Une musique monte du fleuve. Une mélodie lente et attristante. Une chanson, qui évoque quelque chose de perdu, lointaine, mélancolique, flotte doucement entre les arcades sombres et se confond avec le bruissement de la neige.

C'est une musique grave. Chaude. Comme un appel.

L'homme bat des paupières, écarte les cheveux mouillés qui lui tombent sur le front en se demandant si cette mélodie est réelle ou si elle n'est qu'une illusion. Il respire bruyamment, avale de grandes rasades d'air froid, fait quelques pas, titube, se fige. La mélodie existe vraiment. Elle monte des profondeurs et vibre sous la route où fourmillent des milliers de voitures nerveuses, bloquées dans les embouteillages.

C'est un son aigu et profond, vif et plaintif.

– Du violon, devine l'homme en s'approchant de la source sonore.

Il pose une main sur le mur. Sent le froid visqueux des vieilles briques. S'aventure dans l'ombre en traînant les pieds, exclusivement guidé par l'appel du violon.

Il est très fatigué mais ne peut s'arrêter. Il marche dans l'obscurité humide des arcades comme une abeille prisonnière d'une bouteille. Et plus il marche, plus l'appel de la mélodie se fait insistant.

Jusqu'à ce qu'elle cesse brusquement, au faîte de son intensité.

L'homme regarde autour de lui, totalement désorienté.

– Où suis-je ? Pourquoi suis-je venu ici ?

Le fleuve coule toujours derrière lui. Mais il se perd dans la nuit.

Un violoniste aux cheveux blancs comme l'acier se tient devant lui.

Jacob Mahler éloigne l'archet de son violon et laisse tomber ses bras le long du corps.

– Bienvenue, Alfred, siffle-t-il d'un ton glacial. Tu n'es pas facile à trouver.

L'homme est comme une statue de sel.

– Comment... ?

– *Gesang ist dasein*, « Le chant c'est l'existence », récite Jacob Mahler en contemplant son violon. Ce n'est pas moi qui le dis, mais Rilke, un poète allemand. Aucun homme sensible ne peut résister à l'appel de la musique.

– C'est quoi, cette mise en scène ? Qu'est-ce que tu veux ?

Jacob Mahler fait deux pas vers lui. L'homme qu'il a appelé Alfred titube dans la nuit.

– Je veux l'Anneau de Feu, chuchote Mahler.

Un long silence. De l'eau qui dégouline. Rome résonne au loin.

– Je ne sais pas de quoi tu parles.

– Tu es le Gardien, murmure Jacob Mahler. Et un gardien a toujours quelque chose à garder. Je suis venu le prendre.

– Tu te trompes.

– Je sais quel est ton secret.

Les yeux du Gardien s'arrondissent.

– Tu es l'un d'*eux*.

Jacob Mahler ricane.

– Bien sûr que je suis l'un d'*eux*, Gardien. Alors, dis-moi où est l'Anneau de Feu?

– Je t'ai déjà dit que je ne connaissais pas cet objet.

L'archet siffle dans l'air comme la lame d'un couteau. Jette des lueurs inquiétantes.

– Attention! s'exclame Jacob Mahler. Ne te moque pas de moi!

Le Gardien déglutit, puis esquisse un furtif sourire.

– Pourquoi ris-tu?

– Pour rien. Tu as fait vingt-neuf mille kilomètres pour récupérer quelque chose que je n'ai pas. Tu ne trouves pas ça... drôle?

– Non. Où est l'Anneau de Feu?

– Belle question. Mais autant répondre aux questions suivantes: Existe-t-il un ordre qui régit le monde? Y a-t-il une vie après la mort?

– Ne plaisante pas. Pas ce soir.

– Très bien. Dis-leur qu'ils ne récupéreront pas l'Anneau de Feu. Parce que, ce soir, tout a commencé, réplique le Gardien avec sérieux.

– Où est-il?

– Je ne sais pas.

Jacob Mahler le saisit par les épaules. D'une main ferme et déterminée. L'archet du violon glisse une seule fois le long du cou de l'homme, juste sous la pomme d'Adam. Alfred n'oppose aucune résistance. Ne sent aucune douleur.

Il se laisse glisser à terre, vidé.

Léger.

Il voit les chaussures vertes d'une femme.

Il entend la voix du violoniste, qui ordonne :

– Prends une photo. Et envoie-la aux journalistes. Il faut qu'elle fasse la une.

Neige.

Il y a de la neige partout.

Tout est blanc.

Puis tout devient noir.

– Allô ?

– Qui est à l'appareil ?

– C'est moi. Je voulais avoir des nouvelles...

– Les enfants se sont rencontrés.

– Ils y sont tous les quatre ?

– Oui.

– Et alors ?

– Alors ils sont sortis.

– Quelle heure est-il ?

– Il fait nuit. Et il neige.

– Tout se passe comme prévu ?

– Je crois que oui. À cette heure, Alfred a déjà dû les rencontrer.

– Comment sont-ils ?

– Suffisamment curieux. Et, si tu veux le savoir, Harvey te ressemble beaucoup.

– Espérons que non.

– Harvey réussira. Comme tous les autres.

– Tu es optimiste.

– Je dois l'être. Quand ils auront ouvert la mallette, je ne pourrai plus les aider.

– Et s'ils ratent leur coup ?

– Ils ne le rateront pas. Il n'y aura pas d'autre erreur.

8
LE JOURNAL

– Alors, il est mort? souffle Sheng à Harvey.

L'air sombre, le jeune Américain boit une gorgée de son cappuccino dans la salle à manger de la Domus Quintilia.

– Et toi, qu'est-ce que tu en dis?

– Je ne sais pas, rétorque Sheng en croquant un cornet à la vanille.

C'est le matin du 30 décembre. Tante Linda a préparé une incroyable variété de gâteaux : un marbré chocolat-vanille, une tarte aux pommes, une à l'orange et une couronne à la crème. Elle déambule d'une table à l'autre, chantonne et propose du café brûlant, noir comme du pétrole.

– Vous avez bien dormi, les enfants ? gazouille-t-elle en ôtant machinalement un cheveu du pull d'Harvey.

– Très bien, merci.

Leurs parents sont calmes et reposés : ils n'ont aucune idée de ce qui s'est passé durant la nuit.

Le père d'Elettra lit *La gazzetta dello sport*. Celui de Sheng se frotte les yeux, encore ensommeillé. Les parents d'Harvey feuillettent le programme des expositions, après avoir vainement essayé de convaincre leur fils d'aller visiter avec eux les musées du Capitole.

Elettra et Mistral arrivent en dernier. Les yeux fatigués de Mistral trahissent une nuit difficile, mais elle se force à sourire. Elettra la suit en affichant un air beaucoup plus désinvolte.

Elles s'installent à la table des garçons.

– Des nouvelles ?

– Je ne lis pas bien l'italien, répond Harvey en leur passant le journal. Mais je crois qu'elles ne sont pas bonnes.

Sur la une, il y a la photo d'un homme étendu dans la neige. Son visage repose sur une flaque sombre qui s'étale autour de son élégant imperméable.

– Oh, non ! s'écrie Elettra en se mettant les mains devant la bouche.

– Que dit l'article ? lui demande Sheng.

– Qu'on l'a retrouvé... mort... le long du Tibre. La nuit dernière sous la neige.

– Mort comment ?

– La gorge tranchée.

Le cornet à la vanille de Sheng tombe bruyamment dans son café au lait.

– Ils ne révèlent pas grand-chose de plus, dit Elettra. La police enquête pour comprendre ce qui s'est passé, mais on ne connaît même pas le nom de la victime. Les carabiniers font appel à toute personne qui pourrait leur fournir des informations et...

– Ils ne disent rien d'autre ? insiste Harvey.

Elettra secoue la tête.

– Et sur la panne de courant ?

– Oui...

Elle tourne quelques pages.

– Elle n'a touché que certains quartiers. Apparemment, tout est rentré dans l'ordre à l'aube. Mais l'origine de la panne demeure encore obscure.

– On ne peut pas dire que cette soirée a manqué de mystère, grommelle Sheng.

Ils finissent sans entrain leur petit déjeuner et s'entretiennent brièvement avec leurs parents pour avoir quartier libre. Le père de Sheng et la mère de Mistral n'y voient aucun inconvénient, bien au contraire. Le premier en profitera pour se reposer du décalage horaire. Madame Blanchard pourra se consacrer davantage à certains clients importants. Les parents d'Harvey, par contre, entament une longue discussion qui rend le garçon de mauvaise humeur. Elettra s'en inquiète.

– Je préfère éviter le sujet, grommelle Harvey. J'ai des rapports compliqués avec mes parents.

Il a l'air de vouloir ajouter quelque chose, mais se contente de hocher la tête avant de se réfugier dans ses pensées.

Elettra n'insiste pas.

Elle l'entraîne vers la cave et déplace les plantes que tante Linda utilise pour masquer la porte. Ils attendent que Mistral et Sheng les rejoignent, puis descendent les escaliers qui conduisent au sous-sol.

– Là-dedans, nous serons au chaud, explique Elettra en fermant la porte derrière elle. Et personne ne viendra nous déranger.

– Quel optimisme ! lance Harvey. Tu ne connais pas mes parents.

– Ils ont l'air durs ! dit Sheng.

– C'est rien de le dire... Surtout depuis que... Bon, parlons d'autre chose.

Harvey broie du noir. Il poursuit :

– Mon père n'arrête pas de se demander comment il peut avoir un fils aussi stupide. Ma mère, au contraire, voudrait que je ne la quitte pas d'une semelle.

Au fur et à mesure qu'ils descendent les marches, ils découvrent un labyrinthe de vieux meubles et de cadres vides.

– Moi, c'est pareil. Ma mère est possessive. Quand elle a appris que je partais en voyage, elle a pleuré pendant une semaine, commente Sheng.

– C'est parce qu'elle t'aime, intervient Mistral en s'étirant comme un chat.

Harvey s'assoit sur le sol en tailleur.

– Tu as sommeil, hein ?

– Tu l'as dit. Je n'ai pas fermé l'œil de la nuit. J'avais peur, répond Mistral, en se frottant nerveusement les mains.

La mallette de cuir est posée par terre, cachée sous un vieux drap blanc.

– Nous pouvons toujours changer d'avis, déclare Elettra. Après tout, nous ne sommes pas obligés de l'ouvrir.

Leurs yeux luisent dans la pénombre.

– Il faut continuer, propose Sheng.

– Je suis d'accord, dit Harvey.

– C'est peut-être dangereux, ajoute Mistral, la gorge serrée. Cet homme a été tué.

– Probablement à cause de cette mallette, intervient Elettra.

– Il était suivi. Il avait peur. Et il a dit *que tout avait commencé.*

– Pour lui, on ne peut pas dire que ça ait très bien commencé, ironise Harvey.

– Il a également dit « 29 », précise Elettra.

– Et je vous rappelle qu'hier on était le 29 décembre, dit Sheng en se mordillant les ongles.

La lumière des plafonniers baisse brusquement d'intensité.

– Tu veux les faire sauter, ceux-là aussi, Sheng ? le raille Harvey.

– Je n'ai rien à voir avec ça !

– Ah non ? Alors j'ai rêvé ou quoi ?

– Nous sommes sous la route et les lumières faiblissent à chaque fois qu'un camion passe, explique Elettra tandis que la lumière de la cave retrouve son éclat initial.

– Tu as entendu, Harvey ? fait Sheng.

– Et puis hier... je crois bien que c'était à cause de moi, poursuit Elettra.

Elle caresse d'un doigt le drap qui recouvre la mallette et se force à sourire :

– Autant vous le dire. Ça m'est déjà arrivé plusieurs fois. Mais jamais aussi fort.

Mistral lui adresse un regard complice.

Harvey s'allonge en s'appuyant sur les coudes.

– Et il t'arrive quoi, exactement ?

– Je fais exploser les lampes sans les toucher.

– Hao ! s'exclame Sheng.

– Et tu t'y prends comment ?

– Je ne sais pas. À certains moments, je me sens particulièrement chargée et… Vous pouvez rire si vous voulez… mais dans ces cas-là, je plante également les ordinateurs.

– Comme un virus ?

– Non. Je bloque l'alimentation électrique. Enfin, c'est ce que je pense. Parfois, il me suffit de passer près d'une imprimante pour que le papier se coince, ou près d'un écran allumé pour que quelques pixels soient grillés. Et j'use les miroirs. Au bout d'un certain temps, ils perdent leur luminosité. Ils deviennent opaques. Ils réfléchissent moins. Mais je ne sais pas pourquoi. Hier, j'ai commencé à me sentir *chargée*, j'ai touché l'épaule de Sheng et…

– J'avais les mains sur ta lampe. Tu m'as transmis toute l'énergie et…

– La lampe a explosé, conclut Harvey.

Dans la cave, un ange passe.

– Je n'ai jamais entendu une chose pareille, soupire Harvey. Quoi qu'il en soit, je ne vois pas le rapport avec la mallette.

– Eh bien, ça m'est arrivé aussi sur le pont, avoue Elettra, quand nous avons rencontré cet homme. J'avais chaud. Je ressentais à nouveau le besoin de libérer de l'énergie.

– Et maintenant ?

La jeune fille secoue la tête.

– Non. Tout est OK.

– Que fait-on ? On l'ouvre ? demande Sheng, impatient.

– Et lorsqu'on l'aura ouverte ? s'inquiète Harvey.

Fasciné et effrayé à la fois, Sheng caresse la mallette.

– On regarde ce qu'il y a dedans et on s'en tient à notre décision : on ne dit rien à personne.

– On devrait peut-être, au contraire, l'apporter à la police et oublier toute cette histoire, suggère Harvey.

– Il ne viendra plus récupérer cette mallette, dit Sheng.

– Ce sera notre secret, approuve Mistral.

– Comme vous voulez, abdique Harvey.

– Qui est-ce qui l'ouvre ?

Harvey, Sheng et Mistral dévisagent Elettra.

– C'est à toi qu'il l'a donnée. C'est à toi de l'ouvrir.

Elle acquiesce, approche les mains de la mallette et fait sauter le fermoir doré.

Clac.

○⊕⊙⊖

Un pâle soleil se devine derrière le rideau de nuages. La neige a été dégagée et entassée le long des trottoirs.

Béatrice marche nerveusement, en la piétinant avec ses bottes vertes.

Il est 11 heures.

Elle n'a pas dormi.

Elle a gardé la lumière de sa lampe de chevet allumée toute la nuit en feuilletant l'album photos de son joyeux passé, lorsqu'elle vivait encore avec sa sœur cadette. À chaque fois qu'elle essayait de fermer les yeux, elle voyait apparaître l'image de Jacob Mahler avec son violon, insaisissable et aussi sombre que le Tibre noyé dans la nuit.

Béatrice est effrayée et dégoûtée par ce qui vient de se passer. Joe Vinile ne lui avait pas dit qu'elle allait être complice d'un meurtre. Et il ne lui avait rien dit à propos des Gardiens. Ou des archets de violon affûtés comme des rasoirs.

Il lui avait parlé d'une mission importante et grassement payée. Il lui avait précisé que, dans le monde du crime, Jacob Mahler était une légende. Et que travailler avec une star vous faisait gravir les échelons. Vous mettait à l'abri pour le reste de votre vie.

Jacob Mahler cherchait un homme. Ils devaient le trouver, le suivre et permettre de le capturer.

Mais Joe ne lui avait pas signalé qu'une fois sa proie attrapée Mahler allait lui trancher la gorge avec l'archet de son violon.

Toujours perdue dans ses pensées, elle arrive devant le café Sant'Eustachio.

Joe Vinile et Little Linch sont déjà attablés. Béatrice s'assoit sans même les saluer. Joe porte une grosse paire de lunettes de soleil et un manteau noir qui laisse deviner l'inévitable T-shirt de Vasco Rossi[1], dont il est persuadé être un sosie.

Joe Vinile s'appelle en réalité Giovanni. Il a cinquante ans et gagne sa vie grâce à un trafic florissant de musique pirate. Little Linch ressemble à un morse. Il a un visage énorme, un corps trapu et difforme, des dents larges comme des pelles à gâteaux. Béatrice ne connaît pas son vrai nom. Dans

1. Chanteur de rock italien né en 1952 en Émilie-Romagne. (N.d.T.)

le milieu, tout le monde l'appelle Little Linch, « le petit lynx ». Car il a travaillé dans sa jeunesse comme figurant pour la Cinecitta[1], et interprété au sommet de sa carrière un personnage à moitié aveugle appelé le Lynx.

– Nous t'attendions avec ton ami Jacob, lance-t-il en posant une main moite sur le bras de Béatrice.

– Le rendez-vous a été fixé à 11 h 11, répond-elle, en regardant l'heure. Plus que deux minutes.

– Tu es sûre qu'il va venir ?

Joe Vinile sort une petite boîte carrée de sa poche. La pose contre sa gorge pour pouvoir parler. Une voix rauque et croassante en sort :

– C'est... *rrr* ... le bon endroit... *rrr* ... Tu veux un café... *rrr* ...?

Béatrice acquiesce, et Joe passe la commande d'un simple geste de la main. Les serveurs préparent leur célèbre mixture derrière des paravents, pour masquer aux clients le secret qui fait de Sant'Eustachio le meilleur café de Rome.

Les cafés sont servis bouillants dans de petites tasses qui dégagent un parfum persistant de violette.

1. « La ville du cinéma », célèbres studios italiens situés à Rome. (N.d.T.)

– Bonjour, lance alors Jacob Mahler en prenant la dernière chaise libre.

Little Linch sursaute.

Il est 11 h 11.

Et aucun des trois ne l'a vu arriver.

– Je suis furieux, dit-il.

Joe Vinile presse la petite boîte contre sa gorge et croasse :

– Et... *rrr* ... pour quelle raison... *rrr* ...?

– Les choses se sont mal passées hier soir. Très mal, même.

– On m'a plutôt... *rrr*... dit le contraire... *rrr* ..., rétorque Joe. N'est-ce pas... *rrr* ..., Lynx ?

Little Linch tourne machinalement la petite cuillère dans sa tasse.

– J'ai fait ce qu'on m'a demandé de faire. J'ai trouvé notre homme rue du Babbuino et je l'ai suivi pour le forcer à aller vers le Tibre.

– Et tu ne l'as jamais perdu de vue ? gronde Jacob Mahler.

– Non, répond Little Linch en posant sa cuillère sur la sous-tasse d'une main légèrement tremblante. Ou juste quelques minutes... quand nous sommes arrivés au fleuve. À cause de la panne de courant.

Joe Vinile acquiesce.

– Un phénomène très... *rrr*... étrange, avouez-le. Qui ne nous a cependant pas empêchés... *rrr*... de le coincer... *rrr*... peu de temps après... *rrr*..., si je ne me trompe... *rrr*...

Jacob Mahler s'appuie contre la table de tout son poids :

– Le Gardien portait une mallette.

Little Linch hoche affirmativement la tête.

– C'est exact.

– Il n'en avait pas lorsque nous l'avons rencontré, intervient Béatrice.

Joe Vinile écarte les bras en signe d'impuissance.

– Il l'aura donnée à quelqu'un... *rrr*..., ou jetée dans le fleuve.

Une grimace inquiétante se dessine sur le visage du tueur.

– Ou on récupère cette mallette, ou vous n'empochez rien.

– Mais c'est impossible ! proteste Little Linch.

– C'est toi qui as perdu notre homme de vue, siffle le tueur. Et crois-moi, il est certainement plus facile de retrouver cette mallette au fond du fleuve que de raconter à mon chef que nous l'avons égarée.

Béatrice regarde d'abord Joe Vinile, puis Little Linch, d'un air préoccupé.

Et Jacob Mahler ajoute finement :

– Et, surtout, ce sera moins douloureux.

Joe Vinile se contorsionne, mal à l'aise dans sa chaise et demande :

– Elle contenait quoi... *rrr*..., cette... *rrr*... mallette ?

9
LA MALLETTE

Le premier objet qu'Elettra sort de la mallette est un petit parapluie à carreaux noirs et blancs.

Sur une plaquette de métal, fixée sur un coin du tissu, on peut lire l'inscription :

ANTICO CAFFÈ GRECO
RUE CONDOTTI
ROME

– Heureusement qu'il y a autre chose, murmure Elettra.

Elle extirpe cette fois-ci un objet de la taille d'une pomme, enveloppé dans un tissu foncé.

Une forte odeur de camphre s'en dégage.

– C'est quoi, ça ? demande Harvey.

– Attends...

Elettra le déplie lentement.

À l'intérieur il y a un vieux jouet. Un objet conique constitué d'anneaux en bois noir de tailles différentes, avec une pointe en métal.

– Hao ! murmure Sheng. C'est une toupie, non ?

– Elle est recouverte d'inscriptions, commente Elettra, en la faisant pivoter entre ses doigts.

Elle la passe à Harvey, qui l'observe attentivement.

– On dirait plutôt des dessins.

– Vraiment ? intervient Sheng.

– Oui... un dessin de loup, peut-être ?

Sheng prend nerveusement la toupie.

– Loup, confirme-t-il.

– Ou bien un chien, enchaîne Harvey.

– Chien, confirme à nouveau Sheng.

Tandis que le jeune Chinois fait tourner la toupie sur le parquet de la cave, Elettra annonce :

– Il y en a d'autres.

Elle sort trois emballages identiques qui protègent trois autres toupies.

– Celle-ci présente des motifs en spirale, dit Harvey en détaillant la première. Alors que celle-là... C'est peut-être une sorte de tour, une pyramide tronquée, un temple...

Des yeux stylisés sont dessinés sur la dernière toupie.

Mistral l'observe avec attention.

– Sérieusement... Vous imaginez quelqu'un poursuivre un homme pour un parapluie et quelques toupies ?

– Qu'est-ce que j'en sais, moi ? dit Sheng en les faisant virevolter toutes les quatre sur le plancher.

– Il y a encore quelque chose, murmure Elettra.

Elle extirpe de la mallette un dernier objet, également protégé par un tissu.

Ses dimensions sont celles d'un carton à chemises. Elle écarte le tissu et révèle les contours d'une boîte en bois, sombre et usée, à la surface gravée d'inscriptions et de ciselures, rappelant les entailles que les élèves pratiquent sur les bancs d'école.

– Qu'est-ce que c'est que ce truc ? demande Sheng.

– Je n'en ai pas la moindre idée.

Cet étrange coffret est maintenu fermé par des charnières dorées.

Elettra le pose sur le tissu, puis fait sauter les charnières.

L'intérieur est rectangulaire, parcouru d'un fin réseau de sillons qui évoque les lignes de la main.

– Et ça, ça représente quoi ?

– Des toiles d'araignées, dit Mistral. Ou bien des ondes concentriques.

– Moi, je vois plutôt un labyrinthe, commente Harvey.

Les sillons se croisent entre eux de manière inextricable et convergent tous vers un unique motif central, très stylisé.

– C'est une femme entourée par des astérisques, dit Harvey en les caressant des doigts.

– Non. Ce sont des étoiles, intervient Mistral.

– Tu as raison, dit Elettra. C'est une femme entourée d'étoiles.

– Une, deux..., compte Sheng. Sept étoiles. Hao ! Et alors ?

– Alors rien. Mais ce truc a l'air vraiment très vieux.

– Et complètement usé.

– D'après moi, c'est cet objet que l'homme voulait protéger.

– Vous pensez qu'il est précieux ?

– Je crois que oui, opine Mistral en le détaillant. Il est très ancien.

Sheng découvre une inscription qui suit le bord et demande aux autres s'ils arrivent à la lire.

Harvey secoue la tête.

– Ce ne sont pas des lettres de notre alphabet. On dirait du chinois.

– C'est une autre langue, lui répond Sheng, vexé.

– Du grec, suggère Mistral. Mais je suis incapable de le lire. Il n'y a rien d'autre dans la mallette ? demande-t-elle.

Elettra vérifie soigneusement.

– Je n'ai pas l'impression. Enfin... oui ! Une feuille de papier quadrillé et un dernier objet, minuscule, enveloppé dans du papier de soie.

Elettra le déplie aussitôt.

C'est une dent humaine.

– Beurk ! s'exclame Mistral. C'est une vraie dent ?

Harvey la saisit entre le pouce et l'index, et la tient face à la lumière.

– Oui. Une canine, précisément. Et... bon sang ! Elle est gravée elle aussi.

– Fais voir ! trépigne Sheng.

– Un cercle, insiste Harvey, en la serrant entre ses doigts. Un cercle... un zéro, un anneau, un *O*...

Il hausse les épaules.

– J'abandonne. Je n'y comprends rien.

– Et sur la feuille, il y a quelque chose ?

– Une phrase, dit Elettra. Mais, si vous pensez qu'elle peut donner un sens à tous ces objets, vous vous trompez.

– Vas-y, lis-la.

Elettra prend son souffle et récite :

– « Tous les cent ans, il est temps de contempler les étoiles, tous les cent ans, il est temps de connaître le monde. Le chemin que tu emprunteras pour découvrir la vérité importe peu. On n'accède pas à un secret aussi grand par un seul chemin. S'il t'est révélé, tu devras le mettre à l'abri, et empêcher que d'autres puissent le découvrir. »

Un silence sidéré s'abat sur la cave.

Elettra passe la mallette au peigne fin pour s'assurer qu'il ne reste plus rien.

Ils font alors le point : un étrange coffret en bois, quatre toupies, une dent gravée d'un cercle, un feuillet avec une phrase à la signification obscure et un parapluie à carreaux noirs et blancs.

– Que fait-on ? demande Mistral, vaguement préoccupée.

Ses épais sourcils dessinent deux points d'interrogation.

– On devrait tout remettre dans la mallette, suggère Harvey, en se tortillant une mèche de cheveux. Et la jeter dans le Tibre.

– L'homme qui nous l'a donnée, commence à dire Elettra.

– Était fou, la coupe Harvey.

– Non, il était en train de fuir ! s'écrie-t-elle. Et il avait peur d'être capturé par... *eux*.

– Justement : un fou paranoïaque.

– Tu oublies qu'on l'a tué !

– Et on ne lui a pas tiré simplement dessus. Non... on l'a...

Sheng fait glisser le tranchant de sa main contre son cou.

– Un secret qu'il ne faut révéler à personne, murmure Mistral.

– Lui le connaissait peut-être ? suggère Sheng.

– Mais de quel secret on parle, là ? s'insurge Harvey.

– « Tous les cent ans... », relit Elettra sur le feuillet.

– « Il est temps de contempler les étoiles », ajoute Mistral, en passant un doigt sur le bois gravé.

– Il est écrit que celui qui découvre le secret doit empêcher que d'autres le découvrent.

– *Eux !* s'exclame Sheng. J'ai compris !

– Arrête ! raille Harvey. Tu as compris quoi ? On ne sait quasiment rien. On ne connaît même pas le nom de ce fou, ni qui sont... les autres, *eux*, comme vous les appelez.

– Nous savons juste qu'ils sont très dangereux, précise Sheng.

– Et que l'homme du pont voulait protéger toutes ces choses, dit Elettra. Comme si elles avaient une grande valeur.

– Mystère, pontifie Mistral, en se levant pour se dégourdir les jambes. Grand mystère.

– Pourtant, c'est puissant, dit Sheng. Enfin, je veux dire que c'est *vraiment* étrange.

– « On n'accède pas à un secret aussi grand par un seul chemin », lit Elettra sur le feuillet. Il y a peut-être un grand secret à découvrir. Et cet homme était effrayé parce qu'il l'avait effectivement découvert.

– N'oublions pas le 29, rappelle Mistral.

– À quel propos ?

– Eh bien... Il n'est pas tout à fait normal qu'un type à moitié mort sur un pont s'obstine à répéter « 29, 29 », si ça n'a pas une importance capitale.

– En supposant que ce type soit bien sûr capable de *penser*. Et qu'il n'était pas complètement dément, commente Harvey.

– Hier, c'était le 29 décembre. Et il était persuadé que quelque chose venait de commencer, précise Sheng.

– Et quoi ?

– Nous ne le savons pas. Mais le 29 décembre... ça a commencé.

– Alors, selon vous, le 29 n'a rien à voir avec notre anniversaire ? s'interroge Mistral

– Qu'est-ce que vous racontez ? explose Harvey.

– Évidemment ! rétorque Sheng. Hier, c'était la super nuit du 29.

– Et de la panne de courant, ajoute Elettra.

– Vous pensez que tout est lié ? murmure Mistral.

– Peut-être que tout ce qui nous est arrivé hier, suggère Elettra, était destiné à nous faire aller sur le pont des Quattro Capi ?

Harvey secoue la tête.

– Comment ça ! On n'est pas des marionnettes ! Et on ne serait pas là à discuter de tout ça si une petite *curieuse* n'avait pas accepté des mains d'un vieux fou une mallette pleine d'un étrange bric-à-brac.

– Nous quatre. Quatre têtes. Quatre toupies, observe Sheng. Le quatre a peut-être également une certaine importance ?

Elettra glisse les mains dans ses cheveux.

– Je ne sais pas pourquoi j'ai pris cette mallette, mais il fallait que je le fasse. Et, maintenant que j'ai vu ce qu'il y a à l'intérieur... j'ai envie d'en savoir plus.

Elle saisit le parapluie à carreaux blancs et noirs.

– Je vais aller à l'Antico Caffè Greco, dit-elle, en indiquant aux autres la plaquette en cuivre.

– Et c'est quoi ?

– Un vieux bar du centre de Rome.

– Bonne idée, approuve Mistral. Le parapluie est une piste à suivre.

Sheng découvre ses gencives en un grand sourire :

– Pourquoi pas ? Après tout, *on n'accède pas à un secret aussi grand par un seul chemin.*

Seul Harvey ne paraît pas enthousiaste.

– D'après moi, on va juste perdre du temps.

– Tu as quelque chose de mieux à faire ?

– Je vais peut-être visiter un musée, plaisante-t-il.

Béatrice et Little Linch marchent le long de la rive droite du Tibre. Leur entrevue avec Jacob Mahler au café Sant'Eustachio les a mis de mauvaise humeur. Béatrice est taciturne. Little Linch affiche un regard torve et dit :

– Voilà. C'est par ici que je l'ai perdu de vue. Lorsque toutes les lumières se sont éteintes, il s'est mis à courir. Il a suffi d'un instant et je ne l'ai plus vu. J'ai pensé qu'il avait remonté le Tibre pour le traverser... J'ai essayé de le chercher par là.

– Tu n'es pas descendu jusqu'à l'île ? l'interroge Béatrice en regardant le pont Cestio, qui conduit à l'île Tibérine.

– Non, admet Little Linch.

Béatrice reconstruit la scène dans son esprit : si l'homme s'est mis à courir vers le sud, il a pu rejoindre le pont Cestio et, de là, franchir la placette puis remonter le pont des Quattro Capi, pour rejoindre l'autre rive du fleuve.

– Jetons un coup d'œil sur l'île, propose-t-elle.

Ils parcourent la digue qui longe le parapet. Des pigeons frigorifiés roucoulent entre les briques.

– Ce que nous faisons est totalement inutile, assène Little Linch en s'appuyant au parapet.

Malgré l'air froid de décembre, il halète et transpire abondamment.

– Qu'est-ce qu'on espère trouver ? Cette mallette peut être n'importe où. S'il l'a jetée dans le fleuve, elle a dû être entraînée par le courant. Qu'est-ce qu'on doit faire ? Mettre le masque et les palmes et aller la chercher dans la boue ? Bah ! Ce type raconte n'importe quoi !

Béatrice ne répond pas. Elle se contente de marcher. Puis elle demande de but en blanc :

– Qu'est-ce que tu sais exactement sur Mahler ?

Little Linch écrase de la neige sale sous le talon de ses mocassins.

– C'est un serpent. Un dur. Un démon. On dit que c'est le meilleur.

– Le meilleur pour tuer, murmure Béatrice.

– Joe soutient que ce boulot peut nous changer la vie. Que c'est un honneur de travailler pour lui.

– Qui ça, *lui*?

Little Linch traîne les pieds dans la neige sans répondre. Puis il se décide :

– Tu sais que Mahler est en mission en Italie sous les ordres d'une autre personne.

– L'ermite, murmure Béatrice.

– Heremit, la corrige Little Linch. Ce n'est pas un surnom. C'est son nom.

– Heremit ? Et c'est de quelle origine ? Il est anglais ?

– Moitié chinois et moitié hollandais. Mais son nom complet, c'est encore pire : Heremit Devil.

– Le diable ermite ?

Béatrice se force à sourire.

– Un nom rassurant, vraiment. Et il vit où ?

– À Shanghai, dans un gratte-ciel.

Little Linch crache par terre.

– Il est tellement fou qu'il n'en sort jamais.

– C'est-à-dire ?

– Il a organisé toute sa vie là-dedans : un gigantesque royaume de verre et de béton. Je crois qu'il fait partie de ces fous qui redoutent les maladies, le contact avec les gens, l'air empoisonné... Et toutes ces sortes de choses. Il est dingue. Complètement dingue.

– Et pourtant un tueur intelligent comme Jacob Mahler...

– Chut ! l'interrompt Little Linch en lui faisant signe de baisser la voix. Tu es folle de dire ça ? On pourrait t'entendre !

– Et cependant le *fantastique* Jacob Mahler, reprend Béatrice, opère pour un fou comme Heremit Devil. On travaille donc pour deux fous qui veulent récupérer une mallette et sont prêts à nous faire assécher le Tibre pour ça. Tu n'as aucune raison d'être inquiet ?

Ils traversent rapidement l'île Tibérine, en guettant quelque indice du passage de leur homme. Et, comme ils n'en trouvent aucun, ils remontent du côté opposé en longeant le pont des Quattro Capi.

– Joe nous a recommandé de ne pas poser trop de questions, grommelle Linch. Et je préfère suivre son conseil. Car on est en train de jouer avec le feu, fillette. Et je n'ai pas l'intention de me brûler.

– Il m'a conseillé de ne pas prononcer son nom.

– Quoi ?

– Mahler. Hier, en voiture. Il ne voulait même pas que je dise « Heremit ».

Little Linch hausse les épaules.

– Eh bien, alors, ne le prononce pas.

– Il fait si peur que ça ?

– C'est lui qui dicte les règles. Et la règle est : pas un mot de trop.

Béatrice s'immobilise. Elle se penche pour examiner un objet à moitié recouvert par la neige

– C'est quoi ? demande Linch.

Béatrice le fait tourner dans ses mains.

– C'est un bonnet de douche qui porte l'inscription : *Hôtel Domus Quintilia.*

10
CAFFÈ GRECO

La rue Condotti est très animée. Les trottoirs sont tapissés de neige, et des guirlandes de Noël éclairent les rues de motifs colorés. Un ballet de manteaux bigarrés, de fourrures et d'habits extravagants anime l'escalier de Trinita dei Monti.

Le Caffè Greco se dresse à quelques pas de la place, entouré de vitrines criardes. Une enseigne de marbre noir en signale l'entrée. À l'intérieur, une enfilade de salles élégantes, décorées de tableaux aux cadres dorés, de gravures du XIXe siècle, de portraits, d'articles de vieux journaux, d'épées dans leurs fourreaux et de miroirs étincelants.

Une multitude de serveurs vêtus de noir glissent entre les tables avec des plateaux chargés de boissons chaudes et de punchs fumants. Les clients discutent joyeusement, en dix langues différentes, à l'ombre des statues et des vases cyclopéens qui s'élèvent entre les colonnes ornées de plantes grimpantes.

– Quel endroit fantastique ! murmure Mistral.

Elle serre contre sa poitrine le sac contenant son carnet à dessins et ses crayons à pointe douce.

– On cherche quoi, exactement ? demande Harvey.

– N'importe quoi, répond Elettra qui déboutonne sa polaire.

– Enfin un peu de chaleur, observe Sheng, en frôlant dangereusement une statue avec son sac à dos qui abrite le contenu de la mallette.

– Fais attention ! le sermonne Elettra.

Ils slaloment entre les serveurs et les femmes emmitouflées. Au fond du café, une petite salle silencieuse, fermée par un cordon rouge, interdit l'accès à un dernier salon garni de meubles anciens.

– Ce salon était le lieu de rendez-vous de personnes importantes..., explique Elettra. Des politiciens, des écrivains, des artistes, des poètes. On dit que de grandes idées sont nées dans ce café.

– Et pourquoi ne peut-on pas y accéder ? s'étonne Sheng.

– Pour éviter qu'il soit détérioré, répond Elettra. C'est maintenant un musée.

Harvey observe distraitement les tableaux. Une scène de chasse, un article de journal vieux de deux cents ans... Absolument rien qui soit susceptible de l'intéresser.

– OK, qu'est-ce qu'on est venus faire ici ? répète-t-il pour la deuxième fois.

– Je ne sais pas, admet Elettra. On a juste ce parapluie. Et *il* nous a dit de venir ici.

– Chocolat chaud ? propose Sheng en humant l'air.

Les jeunes gens s'installent à la première table libre en se disputant les places les plus confortables sur la banquette et commandent quatre chocolats. Mistral sort son carnet : elle commence à griffonner.

– Tu dessines bien, observe Elettra.

Mistral est en train de reproduire fidèlement la salle.

Elle ne répond pas, concentrée sur son esquisse.

Sheng râle. Il abandonne le sac à dos sous la table, le coince entre ses genoux.

– On devrait poser quelques questions, suggère Elettra. Sinon, on ne découvrira jamais rien.

– Et tu espères quoi ? rétorque sèchement Harvey. On est dans le noir le plus complet.

– Excusez-moi..., demande Elettra au serveur qui leur apporte les chocolats.

– Elettra, non..., murmure Harvey.

La jeune fille montre le parapluie à carreaux noirs et blancs et poursuit :

– Quelqu'un nous a laissé ça. C'est à vous ?

L'homme paraît surpris.

– En effet, répond-il. C'est un « parapluie de secours ». Qui vous l'a remis ?

– On n'en sait absolument rien, lance Elettra, il ne s'est pas présenté. Mais on s'est dit que vous le saviez peut-être.

– C'était un type étrange, intervient Sheng. Avec une barbe blanche et des yeux de possédé.

Mistral tourne la page de son carnet et griffonne rapidement une nouvelle esquisse.

Le serveur glisse le parapluie sous son bras.

– Vous l'avez rencontré quand ?

– Hier, répond Elettra.

– Il était vêtu de gris et portait un long imperméable, insiste Sheng en faisant des gestes pour en tracer la silhouette.

Mistral lui montre son dessin.

– Plus ou moins... comme ça.

– Ah ! s'exclame le serveur. Alors, c'est le professeur !

– Le professeur ? répète Elettra.

Le serveur acquiesce vigoureusement.

– Un de nos plus fidèles clients. Hier, il a été surpris par la neige et ne savait plus comment rentrer chez lui. C'est un grand monsieur, complètement à côté de la plaque. Pas étonnant qu'il vous ait demandé de nous rapporter ce parapluie. C'est déjà un miracle qu'il ne l'ait pas perdu. Vous êtes ses élèves ?

– Pas exactement, grommelle Sheng.

– Il vient ici tous les jours, précise le serveur. D'ailleurs...

Il jette un œil à sa montre.

– Non, il est trop tôt. Espérons que personne ne prendra sa table d'ici quatre heures.

– Quelle table ? s'informe Elettra.

– Celle-là, là-bas au fond, sur la droite, juste devant le cordon.

Les jeunes gens se retournent pour regarder la table en question.

– Le professeur s'y assoit tous les après-midi. Si elle est déjà occupée, il est capable de rester debout, sans dire un mot, jusqu'à ce que les gens s'en aillent, exaspérés.

– Et il enseigne quoi ? questionne Elettra.

– Je ne sais pas. Si ça se trouve, il n'est peut-être même pas professeur. On l'appelle comme ça parce qu'il arrive toujours avec deux livres poussiéreux. Il les lit tranquillement à sa table, pendant deux heures. S'il y a trop de gens, il se met en colère et essaye de les faire partir... sauf s'il y a des enfants.

– Dans ce cas, que fait-il? veut savoir Elettra.

– Il raconte des histoires sur la Rome antique et les empereurs. Sur César et Néron.

– Qui est Néron? demande Sheng.

– Si tu restes là jusqu'à quatre heures et demie, tu pourras le lui demander, lui répond le serveur.

– Ça risque d'être difficile, commente Harvey.

– Néron est l'empereur maudit de Rome, explique Elettra. Il est célèbre pour avoir incendié sa ville. Même si ce n'est qu'une légende.

– Sympathique, observe Sheng.

– Non. Personne ne le trouvait sympathique, dit Elettra. Après sa mort, sa villa fut détruite, ses statues brisées et son effigie effacée de tous les monuments.

– C'est exact. La *Damnatio Memoria*, selon le professeur, intervient le serveur, qui a l'air d'en savoir long sur le sujet.

– «Condamnation à l'oubli», en latin, traduit Elettra à ses amis. Comme si toutes ces choses n'avaient jamais existé.

– Un peu comme le professeur, dit Sheng à voix basse.

Dès que le serveur part s'occuper des autres clients, les quatre amis investissent la table du professeur. Elle est ronde, à deux places, avec un plateau de marbre clair, soutenu par trois pieds en bois, devant une banquette avec des coussins en velours rouge.

– Il doit bien avoir une raison pour s'asseoir toujours au même endroit, non ? interroge Harvey, en observant les lieux. Il a une vue parfaite sur l'entrée du bar...

– Et personne ne peut le surprendre par-derrière, enchaîne Elettra.

– C'est un des salons les plus tranquilles, ajoute Sheng.

– Mais, à part ça, il n'a rien de particulier, conclut Mistral.

– Échangeons nos places, lui propose Sheng.

Il se lève de la banquette et heurte maladroitement le bras de la jeune fille, faisant tomber son carnet et ses crayons.

– Excuse-moi !

Sheng se penche pour les ramasser, mais reste paralysé à mi-course.

– Hao ! s'exclame-t-il.

Il tend à Mistral son carnet et s'agenouille sous la table.

– Bon sang. C'est quoi, ça ? s'écrie-t-il.

Harvey s'agenouille près de lui.

– Mince...

La planche en bois sur laquelle repose le marbre est recouverte de rangées serrées de chiffres et de lettres illisibles. Au milieu de cette avalanche de signes, un objet long et étroit est fixé avec deux bandes de ruban adhésif.

Sheng les arrache d'un air satisfait.

– Et voilà !

Il pose sur la table une carte magnétique sur laquelle figure l'inscription suivante :

BIBLIOTHÈQUE HERTZIENNE
28, rue Gregoriana

Entrée Chercheurs – Salle 4
Alfred Van Der Berger
Rome

– Bingo..., murmure Harvey, étonné.

Elettra frôle de la main la carte en plastique, comme pour s'assurer qu'elle est bien réelle.

– Le professeur s'appelait Alfred Van Der Berger ? murmure-t-elle.

– Enchanté, dit Sheng. On devrait peut-être tout raconter à la police.

– Apparemment, il nous indique un autre endroit à visiter, intervient Elettra.

– Tu sais où se trouve cette bibliothèque ? demande Harvey, sceptique

– Non. Mais la rue Gregoriana, oui, dit Elettra en entortillant ses cheveux.

– C'est loin d'ici ? s'informe Sheng.

– Dix minutes au pas de course.

11
LA BIBLIOTHÈQUE

Une porte effrayante les accueille au 28 de la rue Gregoriana. Elle représente la bouche grande ouverte d'un monstre avec un nez en pierre de Tivoli[1] qui sert de clef de voûte à l'arc des lèvres, sous deux énormes yeux vitrés.

– Oh, oh, murmure Sheng.

– On va rentrer là-dedans ? s'inquiète Harvey.

– Ne comptez pas sur moi, dit Mistral. Si vous y allez, je vous attendrai ici.

Elettra trouve ce bâtiment plutôt amusant.

---

1. Ville du Latium, située à 32 kilomètres au nord de Rome. (N.d.T.)

– C'est juste une porte ! s'exclame-t-elle joyeusement.

– C'est une porte infernale, tu veux dire ? la corrige Harvey, en se passant les doigts dans les cheveux. Idéale pour nous donner du courage...

Elettra montre aux autres la carte du professeur et franchit le seuil.

– À l'intérieur, il doit bien y avoir une bibliothèque, non ?

Sheng jette un œil.

– Il y a de grands échafaudages.

Harvey lui donne une bourrade sur l'épaule et l'entraîne à l'intérieur.

Mistral est seule face au rictus démoniaque du bâtiment dans une rue désertée.

– Je ne te trouve pas très sympathique, lance-t-elle au monstre. Attendez-moi, je viens avec vous !

Et elle rejoint ses amis.

L'intérieur du bâtiment est éventré. Des échafaudages masquent une grande partie des murs, surplombés par une énorme grue métallique. Une plaque en cuivre signale l'entrée de la bibliothèque, mais la porte est fermée par une serrure magnétique et une pancarte brinquebalante qui indique :

FERMÉ.

– C'est ici que se termine notre enquête, commente Harvey d'un ton sarcastique. S'il y avait quelque chose à découvrir, c'est raté.

Elettra est profondément déçue. Elle frappe à la porte, mais n'obtient aucune réponse.

– Cet endroit a l'air abandonné, observe Mistral en fixant les échafaudages.

– Rentrons à la maison, insiste Harvey.

Sheng essaye de pousser la porte, puis remarque la serrure magnétique. Il prend la carte du professeur et la fait glisser dans la fente.

La porte émet un *tlac* plutôt rassurant.

Sheng l'entrouvre, dévoilant un long couloir désert. Il rend la carte à Elettra.

– Maintenant, c'est ouvert, murmure-t-il.

Une fois franchi le premier coude du couloir d'entrée, ils entendent le bruit d'un distributeur de café. Chute d'un gobelet en plastique, vrombissement de la machine, eau qui coule et *bip* sonore qui conclut l'opération.

Aussitôt après apparaît une femme entre deux âges, un café à la main. Elle en boit une gorgée, puis suspend son geste en apercevant les quatre adolescents.

– Vous êtes entrés comment ?

Elettra passe devant les autres et déclare :

– Avec la carte de notre oncle.

La femme, maigre et osseuse, y jette un rapide coup d'œil.

– Vous n'avez pas lu le panneau ?

– Si, mais... nous avons pensé qu'on pouvait quand même essayer.

– Excusez-moi de vous poser cette question, dit la bibliothécaire.

Elle boit une gorgée de café.

– Comment se fait-il qu'en vingt ans de bons et loyaux services c'est la première fois que je rencontre des jeunes prêts à tout pour entrer ?

– On doit..., commence Elettra.

– Épargnez-moi l'histoire du devoir de classe, l'interrompt la femme.

Dans le silence qui suit, Mistral fait un pas en avant et sort son carnet.

– C'est à cause de notre oncle, explique-t-elle. Il devient littéralement fou sans ses notes et... il a oublié son carnet sur sa table de travail. Si on réussit à le récupérer, il nous paye quatre chocolats chauds.

La bibliothécaire détaille la jeune fille comme si elle choisissait un poisson à l'échoppe d'un marché.

– Quatre chocolats, c'est toujours quatre chocolats, dit-elle.

– Exactement, confirme Mistral.

– Ça me paraît être un bon accord, conclut la femme en finissant son café. Vous savez où chercher ?

– Oui, oui…, répond Mistral, dont les joues ont pris une jolie teinte rose. Mais ce serait plus rapide si vous nous aidiez.

– Je vous accompagne, propose la femme.

– Ce n'est peut-être pas nécessaire, s'inquiète Elettra.

Elle donne un coup de coude à Mistral comme pour lui dire : « On ne sait même pas ce qu'on cherche. »

– De toute façon, aujourd'hui on est fermé et il n'y a pas beaucoup d'activité, insiste la bibliothécaire. Venez. Je vous conduis en salle de recherche.

Ils traversent de grands salons aux plafonds décorés de fresques, qui abritent des rangées de manuscrits et de livres d'architecture. La bibliothécaire leur explique que d'interminables travaux de restauration empêchent l'accès à une bonne moitié de la collection. Elettra se sent de plus en plus tendue. À sa gauche, Harvey rumine de sombres pensées. Comme si leur intrusion dans la bibliothèque avait éveillé en lui de mauvais souvenirs. Sheng se laisse souvent distancer, attiré par ces ouvrages d'un autre âge, par une fenêtre ou une porte entrebâillées. Le sac avec les toupies, la dent et l'étrange objet en bois ballottent sur ses épaules. Mistral marche à côté de leur accompagnatrice et l'écoute avec patience.

Ils débouchent sur une pièce de dimensions réduites. Un ascenseur emmène le petit groupe vers les hauteurs. Là, ils pénètrent dans une soupente bien éclairée.

L'espace sous les poutres a été aménagé en une série de petits bureaux aux murs de placoplâtre. On a une vue éblouissante à travers les lucarnes sur les toits et les terrasses de Rome enneigés. Le parquet craque sous les pas.

– Ce sont les nouveaux aménagements, explique la bibliothécaire. Voilà, c'est ici. Pièce numéro quatre. La salle de lecture privée de votre oncle.

Elle pousse doucement la porte et se raidit aussitôt, l'air perplexe. Une tornade est passée par là.

– Oh, oh..., s'inquiète Mistral.

Dans le bureau, des livres sont empilés sur une grande table en bois au milieu d'une montagne de papiers jaunis d'où dépassent des feuilles de journaux, des marque-pages, des Post-it remplis d'annotations serrées. Le sol est jonché de pages. Comme si quelqu'un les avait déchirées et jetées au hasard. La plupart sont recouvertes de figures obsessionnelles tracées à la plume: spirales, cercles, flammes stylisées.

– Nom d'un chien..., murmure Sheng.

La lucarne est ouverte sur le ciel plombé.

– Je n'avais jamais remarqué un tel désordre, s'étonne la bibliothécaire en secouant la tête.

– Allons-nous-en..., souffle Harvey à l'oreille d'Elettra. Tout de suite.

La jeune fille fait un pas en arrière. Il est hors de question pour elle de mettre un pied dans cette pièce.

Mistral, en revanche, entre, en évitant soigneusement les feuilles éparpillées sur le sol. Elle se dirige vers la fenêtre et la ferme.

– C'est sûrement le courant d'air qui a provoqué ce désastre.

La bibliothécaire acquiesce sans être totalement convaincue.

– Il y a quelque chose ici qui ne tourne pas rond, dit-elle. Vous pouvez m'attendre un instant, s'il vous plaît? Je vais téléphoner.

Mistral se penche pour ramasser quelques feuilles.

Harvey et Sheng s'approchent d'elle.

– Tu fais quoi, là? lui murmure l'Américain. Mieux vaut filer le plus vite possible.

– On jette un dernier coup d'œil, d'accord? décide Mistral.

Les ouvrages les plus divers sont entassés sur le bureau du professeur. De vieilles éditions d'auteurs grecs et latins : Sénèque, Plutarque, Apulée, Lucrèce. Et des livres d'astronomie, tous recouverts de Post-it.

Harvey fait le tour de la table et saisit le bouquin resté ouvert sur la chaise.

– OK, mais dépêchons-nous ! Qu'est-ce que vous pensez de celui-là ? C'est peut-être le dernier livre que le professeur consultait.

Il s'agit d'un volume relié en cuir, barré d'un Post-it jaune qui mentionne : *Korè Kosmou – la Vierge du monde.*

Le livre sent le renfermé. Le papier est fin et jauni. Il est écrit en grec avec d'épais caractères d'imprimerie.

Harvey le feuillette et tombe sur une page marquée par une feuille à carreaux, identique à celle qu'ils ont trouvée dans la mallette.

– Et voici le second feuillet, dit-il.

– C'est quoi ça ? demande Sheng.

– Aucune idée. On dirait une traduction, répond Harvey.

Il se tourne vers Elettra, toujours sur le pas de la porte.

– Tu peux nous la lire ?

La jeune fille secoue lentement la tête.

– Non. Je ne me sens pas bien.

– C'est toi qui as insisté pour venir ici ! Allez, regarde si on peut en tirer quelque chose, l'exhorte Harvey et ensuite on file.

– C'est peut-être un nouvel indice, ajoute Sheng.

– Je me sens comme… hier, dit Elettra en leur montrant ses mains. J'ai très chaud.

– Alors on est au bon endroit ! s'exclame Mistral.

Elle s'agenouille et ramasse des poignées de feuilles déchirées noircies de centaines de cercles.

Elettra respire à fond, puis pénètre dans la pièce.

Sheng s'efface pour la laisser s'approcher du bureau.

– Cette fois-ci, tu ne me touches pas, OK ? grommelle-t-il en souriant.

Elettra prend le feuillet que lui tend Harvey. L'écriture du professeur est plus anguleuse qu'à l'ordinaire. Mais c'est bien la sienne, rapide et pressée.

Elettra lit lentement :

– « Une fois le feu découvert, les hommes arracheront les racines des plantes et étudieront la qualité de leurs jus. Ils observeront la nature des pierres et dépèceront leurs semblables, désireux de savoir de quoi ils sont faits. Ils atteindront les confins de la terre, s'élèveront jusqu'aux étoiles. Ils seront dévorés par le désir de réaliser leurs projets et, quand ils échoueront, seront rongés par la douleur et la tristesse... »

– Rien d'autre ? demande alors Harvey.

– Non. Juste cette phrase.

– Un petit texte marrant, hein ? murmure Sheng.

– Et là... ces quelques mots barrés ? insiste Harvey, en indiquant les deux dernières lignes.

Elettra place la feuille sous la lumière et déchiffre à haute voix :

– « Prométhée ne devait pas voler le feu. Ce fut une erreur, qui a réveillé la colère des dieux. Et maintenant, les dieux veulent se venger. »

– Qui a volé quoi ? veut savoir Sheng, perplexe.

– C'est un récit mythologique, explique Harvey. Prométhée est un Titan qui vole le feu aux dieux pour l'offrir aux hommes.

– Et alors ? insiste le jeune Chinois.

– Alors, les hommes se sentent libres car ils connaissent l'usage du feu. Mais les dieux se mettent en colère et enchaînent Prométhée sur un rocher, où un aigle va lui dévorer le foie tous les jours de sa vie.

Sheng affiche une moue dégoûtée.

– Pouah !

Puis il se tâte le corps et demande :

– C'est où, le foie ?

– Oh, je l'ai trouvé ! s'exclame Mistral en faisant sursauter tout le monde. Enfin, je crois, ajoute-t-elle quand elle voit tous les regards tournés vers elle.

Elle tient un carnet noir fermé par un élastique.

– C'est peut-être ça, son cahier ?

Des pas et des voix qui s'approchent ne lui laissent même pas le temps de l'ouvrir.

– Ils sont là, marmonne la bibliothécaire. Ils n'ont pas vraiment l'air d'être ses neveux.

– Nous allons voir ça, lui répond une voix masculine.

– Eh non ! s'exclame Harvey. On ne verra rien du tout !

Il saisit le sac à dos de Sheng et y enfourne le livre, la traduction, le carnet noir et une poignée de feuilles que Mistral a ramassées sur le parquet.

– Filons d'ici ! ordonne-t-il.

Et il fonce vers la porte.

– Harvey ! hurle Elettra.

Une silhouette menaçante vient d'apparaître sur le seuil. Un homme en uniforme noir et lunettes miroir, coiffé d'une casquette sur laquelle on peut lire : *SÉCURITÉ*.

– Où cours-tu, mon garçon ? dit-il en tendant le bras pour bloquer Harvey.

– Hé ! hurle Sheng. Ne touchez pas mon ami !

Derrière l'agent de sécurité, la bibliothécaire s'exclame :

– Ne nous affolons pas, s'il vous plaît ! L'agent Gianni veut seulement vous poser quelques questions.

L'agent écarte les bras pour empêcher toute sortie.

– Fais-moi voir ton sac à dos, s'il te plaît.

Le jeune Américain recule d'un pas.

– Et pourquoi ça ?

– Je veux voir ce que tu y as mis. Je peux ?

– Je ne crois pas, répond Harvey.

L'agent parcourt la pièce du regard.

– Qu'est-ce que vous êtes venus faire ici ?

– Pourquoi cette question ? proteste Mistral.

– Les enfants, s'il vous plaît..., intervient la bibliothécaire. Il n'y a rien de grave. On essaye juste de comprendre ce qui s'est passé ici.

– Vous êtes un des leurs ? demande Mistral à l'agent.

– De qui tu parles, fillette ? ricane l'homme.

– On s'en va, décide Elettra. De toute façon, le carnet de notre oncle n'est pas là.

– Donne ce sac à dos ! hurle l'agent.

– Pas question, réplique Harvey, en le jetant sur son épaule. Vous ne l'aurez pas.

– Ah, vraiment ?

L'homme met la main contre son oreillette.

– Sécurité ? Dites à Mauro de venir. Dernier étage.

– Qu'est-ce que vous comptez faire ? s'inquiète la bibliothécaire.

L'agent lui fait signe de se pousser.

– Je m'occupe de ces morveux, madame.

Puis il se dirige vers Harvey en ajustant ses lunettes.

– Tu veux toujours faire le malin avec moi ?

L'homme avance d'un pas. Harvey recule.

– S'il vous plaît, laissez-nous partir..., murmure Mistral.

– Fais-moi voir ce que tu as volé.

– Je n'ai rien volé ! rétorque Harvey.

« Voler le feu aux dieux fut une erreur... », pense Elettra.

L'agent bondit et Harvey lance le sac en l'air en criant :

– À toi, Sheng !

Le jeune Chinois l'attrape au vol et se prépare à fuir, mais l'homme de la sécurité attrape Harvey par son T-shirt.

– Ça suffit ! On ne rigole plus ! dit-il, énervé.

« Prométhée a réveillé la colère des dieux », pense Elettra.

– Laissez-le tranquille ! crie Sheng. C'est moi qui ai le sac !

Harvey essaye vainement de se libérer en donnant des coups de pied dans le vide.

– Je vais vous arrêter tous les deux ! s'exclame l'agent Gianni tandis qu'il traîne Harvey à travers la pièce.

« Et maintenant les dieux veulent se venger. »

Elettra secoue la tête. Cet homme n'a aucune raison d'être furieux : ce n'est pas leur faute si le bureau est dans cet état. Et, même s'ils ont menti pour venir jusqu'ici, ils n'ont rien fait de mal. Prométhée s'est servi de la ruse pour voler le feu aux dieux parce qu'il n'avait pas d'autre solution.

« Qu'importe le chemin suivi pour accéder à la vérité ? On ne parvient pas à un si grand secret par une seule voie. »

Les mains d'Elettra se mettent à trembler.

Harvey mord le poignet de l'agent, qui le soulève à bout de bras et le plaque contre le mur.

– Maudit gamin !

– Ne lui faites pas mal ! s'indigne la bibliothécaire sur le seuil de la porte.

Sheng recule vers la fenêtre. Mistral est tapie dans un coin de la pièce.

Elettra s'approche de l'agent.

– Excusez-moi, dit-elle.

– Et toi, tu veux quoi, fillette ? aboie l'homme aux verres miroir.

La main d'Elettra se tend vers son oreillette.

– Je veux vous faire entendre…, murmure-t-elle en la touchant.

L'agent écarquille les yeux, ouvre la bouche et hurle ! La brusque chaleur que dégagent les doigts d'Elettra vient de lui souder l'oreillette au tympan. Il lâche Harvey et se prend la tête entre les mains, abruti de douleur.

Sheng bondit à côté de lui, saisit Elettra par la main et l'entraîne vers la porte.

Harvey s'assure que sa tête est encore bien attachée à son cou et crie à Mistral :

– Fuyons !

D'instinct, la bibliothécaire se met sur le côté pour les laisser passer.

– Excusez-nous, rit nerveusement Sheng. Mais nous sommes vraiment pressés.

– Par là, dit Harvey en prenant une direction au hasard.

Derrière eux, l'agent Gianni continue à hurler de douleur.

Ils descendent les escaliers au pas de course, retraversent les salons décorés de fresques, débouchent sous le porche, franchissent la porte entrouverte.

Et les voilà dehors.

○⊕⊙⊖

À la Domus Quintilia, la matinée passe rapidement.

Linda siffle une vieille chanson de Renato Zero[1]. Elle fait le ménage de l'hôtel munie de chiffons et de plumeaux de différentes tailles. Elle apprécie le soleil qui se réverbère sur la neige et l'air frais de décembre.

Après s'être occupée de la salle à manger et des escaliers, elle gagne la chambre à coucher qu'elle partage provisoirement avec sa sœur.

Irène, les jambes drapées dans une couverture, lit près de son rosier.

– Des livres, des livres, des livres ! s'exclame Linda dès qu'elle la voit. Tu ne t'arrêtes donc jamais de lire ?

1. Chanteur et compositeur italien, né à Rome en 1950. (N.d.T.)

Irène désamorce sa colère par un sourire.

– Salut, Linda.

– Tu n'as rien de mieux à faire ? Il y a une très belle émission à la télévision.

– Je préfère Lucrèce.

– Mon dieu, quel ennui !

– Tu l'as déjà lu ?

Linda capitule, sortant ses chiffons colorés pour combattre le moindre grain de poussière qui se cache dans la pièce.

– N'en dis pas plus ! Je ne veux même pas savoir de quoi ça parle ! Je peux allumer la radio ? Tu as besoin de musique, sœurette. D'un peu de joie ! Et pas de cette vieille barbe de Lucrèce !

– De la musique ? Pourquoi pas ? Et on pourrait même danser, ironise Irène en montrant ses jambes.

– Tu es bête, Irène, la réprimande Linda avant de s'approcher pour l'embrasser.

Elles restent un moment enlacées, sans dire un mot.

– Tu as vu Elettra ? demande enfin Irène, en se libérant délicatement.

– Elle fait visiter la ville aux gamins. Ils étaient plutôt contents. J'adore la petite Française, s'exclame Linda, elle est absolument délicieuse. Menue, mignonne, parfumée. Tellement féminine. Si elle pouvait influencer Elettra, notre nièce serait un peu moins terrible.

– Elettra est comme sa mère, dit Irène. De l'énergie à l'état pur.

– Et ses cheveux, ajoute Linda. Je passe plus de temps à en débarrasser les divans qu'à refaire les chambres. Ils ressemblent à des serpents venimeux.

Irène se laisse aller contre le dossier de son fauteuil roulant.

– Tu sais que les serpents venimeux ont leur utilité ! Tu n'as jamais remarqué que le symbole des pharmaciens est un bâton autour duquel deux serpents s'enroulent ?

– C'est sûr ! Vu le prix des médicaments, mieux vaut mourir empoisonné !

Irène ricane.

– Ça n'a rien à voir... Dans l'Antiquité, on utilisait le venin des serpents pour fabriquer des médicaments.

– Heureusement qu'ils ont inventé les antibiotiques depuis, commente Linda en entrouvrant la porte-fenêtre de la chambre pour renouveler l'air.

Plus tard, l'infatigable patronne des lieux descend inspecter la cour. L'hôtel est silencieux et en ordre.

Les hôtes sont tous partis en laissant d'horribles empreintes dans la neige. Le minibus de Fernando a dessiné deux longs sillons boueux.

Un détail attire cependant l'œil inquisiteur de Linda Melodia : certaines traces conduisent à la porte de la cave. Et d'autres, de la cave à la chambre d'Elettra. La position du talon ne fait aucun doute : celui qui les a laissées venait de la cour. Le minibus de Fernando a écrasé la neige un peu partout. Mais elle repère un endroit avec les empreintes de quatre paires de chaussures qui se dirigent vers l'extérieur de l'hôtel. Puis reviennent.

Une seule explication : Elettra et les autres gamins sont sortis en cachette pendant la nuit. « Probablement pour faire une bataille de boules de neige », pense-t-elle.

– Voilà pourquoi ils étaient si éreintés ce matin..., glousse Linda.

Elle passe son chiffon sur les marques de boue qui vont du couloir à la chambre d'Elettra.

– Oh, quelle horreur ! murmure-t-elle en entrant.

Des valises et des habits sont abandonnés ici et là...

– On dirait qu'ils sont au moins trente là-dedans !

Elle enjambe quelques T-shirts, essaye d'atteindre la fenêtre pour faire entrer un peu d'air frais et constate qu'ils ont bien fait le mur cette nuit : un manteau trempé, le jean de l'Américain maculé de neige jusqu'aux genoux, le pull-over d'Elettra en train de sécher sur le radiateur.

Puis elle tombe sur quelque chose d'étrange : des bouts de verre disséminés sur le parquet, jusque dans la salle de bains.

– Ma lampe en verre soufflé ! gémit Linda. Mais qu'est-ce qu'ils ont fabriqué ?

Linda ramasse les fragments et ce qui reste de la base du diffuseur. Puis elle sort la poubelle de la chambre.

– Elettra va m'entendre ! fulmine-t-elle une fois dans la rue.

Dehors, il y a encore beaucoup de neige. Linda se dirige d'un pas décidé vers les poubelles.

– Ma lampe ! s'exclame-t-elle de nouveau, en faisant tinter les fragments.

Elle évite de justesse une jeune fille aux cheveux châtains qui lui lance :

– Bonne journée, madame !

– Il faut le dire vite ! réplique Linda. Regardez ce que ma nièce et ses amis ont fait de ma lampe !

La jeune femme sourit.

– Je peux vous aider ? demande-t-elle, quand elle voit Linda se battre avec le couvercle de l'immense poubelle.

– Merci, je veux bien. Tenez ça ! Ou plutôt levez-le. C'est une vraie peste, vous savez !

Elle ne se calme que lorsque le sac disparaît dans la poubelle.

– Et voilà..., dit-elle à la jeune femme, qui l'observe de ses beaux yeux sombres. Merci pour le coup de main. Je ne sais pas ce qui est le plus difficile : tenir un hôtel ou s'occuper d'une gamine de quatorze ans !

– Vous êtes la patronne de la Domus Quintilia ?

Linda Melodia soupire longuement et répond :

– D'une certaine manière, oui.

– Quelle chance ! Je peux vous poser quelques questions ?

Elle lui tend la main.

– Je m'appelle Béatrice.

12
LE CARNET

– Waouh ! Mais comment tu as fait ça ? hurle Sheng, enthousiaste. Je n'ai jamais rien vu de pareil ! Tu étais comme... un super héros de dessin animé !

Il soulève l'index de sa main droite et, imitant le bruit d'une explosion, s'exclame :

– Maintenant, tu vas voir !

Mistral lui donne un coup de coude : Elettra est tout, sauf joyeuse. Elle marche la tête basse. Ses longs cheveux noirs tombent devant ses yeux telles des branches sèches et épineuses.

– Comment ça va ? lui demande Harvey.

– Je me sens fatiguée, lui répond-elle. Et désorientée.

– Tu n'es pas la seule. Il se passe des choses étranges. Et sincèrement...

Le garçon feuillette le carnet du professeur.

– ... Je crois qu'avec ça on ne sera pas plus avancés.

– Nous sommes tous bouleversés, intervient Mistral. On était vraiment dans de sales draps, avec ce type...

– Qu'est-ce que tu racontes? rétorque Sheng, en gesticulant. C'était fantastique. Une course extraordinaire. À fond dans les escaliers... *whooo!* Et puis la porte, *sbam!* et enfin... la rue! Super!

– On devrait s'arrêter quelque part, suggère Mistral.

– Bonne idée! approuve Elettra.

Harvey secoue la tête.

– Il vaudrait mieux mettre plus de distance entre nous et... la bibliothèque.

– Je mangerais bien un morceau, dit Sheng en explorant les environs du regard. Quelle heure est-il? Un hamburger, ça vous tente?

– Et si on retournait plutôt au Caffè Greco? propose Mistral.

– Hamburger! insiste Sheng. J'en veux un gigantesque... Un hamburger «Agent Gianni»!

Mistral l'attrape par le sac.

– Tu ne peux pas arrêter de dire des bêtises?

– À Rome, on appelle ça des *pasquinates*, intervient Elettra en esquissant un sourire.

– Ce qui signifie ?

– Pasquino est le surnom d'une statue sur laquelle les Romains accrochaient des phrases satiriques pour se moquer des puissants.

Harvey tend le carnet du professeur.

– Accroches-y ça, alors.

Elettra lève brusquement la tête.

– Voilà une bonne idée ! Pasquino n'est pas très loin d'ici, explique Elettra.

Elle leur indique une rue pavée.

– Et alors ? veut savoir Harvey.

– Devant Pasquino, poursuit Elettra, il y a un endroit tranquille, le *Cul de Sac*[1], dont la spécialité est « la Super Coupe » : glace, pistaches, fraises, meringues et crème pâtissière. Ça vous dit ?

– Adjugé ! décrète Sheng, renonçant provisoirement à son hamburger.

La lumière de l'après-midi finissant commence à décroître ; à l'inverse, la curiosité des quatre amis redouble. Assis au fond du café, devant les restes

1. En français dans le texte. (N.d.T.)

de quatre incroyables « Super Coupes », ils écoutent avec attention Elettra lire le carnet du professeur.

Les premières pages sont particulièrement intéressantes. Des notes pour un cours sur Néron.

C'est apparemment son sujet préféré.

– Il aime les fous, commente Harvey.

Elettra feuillette page après page.

– On dirait bien. Néron empereur, Néron au combat, Néron enfant... Il avait pour maître un philosophe important qui s'appelait Sénèque, un des plus grands penseurs de l'Antiquité. « De grands maîtres ont souvent déclenché la folie de leurs élèves. Aristote avec Alexandre le Grand. Sénèque avec Néron », lit-elle ensuite.

– Et toi, tu as eu quel grand maître ? demande Sheng à Harvey.

Il reçoit en réponse un coup de coude.

– « Sénèque enseigna à Néron les secrets du monde naturel. Il lui parla de la Terre, des planètes, de la Lune et du Soleil. Il lui décrivit les quatre éléments qui composent toute chose : l'Eau, l'Air, la Terre et le Feu. Néron fut particulièrement fasciné par le feu, qui dispense à la fois la vie et la destruction. »

Elettra enchaîne avec les pages suivantes :

– « Sénèque soutenait que les hommes peuvent découvrir les secrets de l'Univers jusqu'à un certain point seulement. Que certains secrets ne doivent pas être révélés. »

– Exactement ce qui est écrit sur la feuille de la mallette ! s'exclame Mistral.

– Là, le professeur a ajouté : « C'est ce que je suis en train de chercher. Et un de ces secrets est caché à Rome. »

Sheng frappe la table avec la paume de sa main.

– Qu'est-ce que je vous disais ? Continue ! Continue !

– Il y a une autre note..., dit Elettra, en tournant le carnet à l'envers. « Analyser les toupies et la carte en bois. Comprendre comment ça marche. Ermete. »

– Qui est Ermete ? demande Mistral.

Elle pose son crayon près du carnet où elle inscrit tout ce qu'elle juge important.

– Le professeur parle d'une « carte en bois », constate Harvey. C'est-à-dire ?

Elettra feuillette quelques pages sur lesquelles apparaît une série de dessins.

– Il n'est pas aussi bon que toi, Mistral. D'après toi, il s'agit de quoi ?

La jeune fille regarde les esquisses :

– On dirait qu'il a essayé de recopier les dessins qui figurent sur les toupies.

Elettra tourne la page.

– Et, là, il recommence à parler de Néron.

– Oh, non ! s'insurge Sheng, je veux en apprendre plus sur le secret !

– Néron le voulait probablement aussi, commente Elettra. « Quand Sénèque lui parla pour la première fois d'un secret que les hommes ne devaient pas chercher à découvrir, Néron s'insurgea. Il lui demanda quel était ce secret et Sénèque répondit : "C'est le plus grand des secrets, mais le temps n'est pas encore venu de le révéler." »

– Réponse typique d'un maître à son disciple, observe Mistral.

– Et Néron ? veut savoir Harvey.

– D'après moi, il se met en colère, lance Sheng.

Elettra ricane.

– Plutôt deux fois qu'une. « Il abandonna le cours de Sénèque et commença à suivre d'autres maîtres venus d'Orient, qui le convainquirent d'adorer le Feu et le dieu du Soleil. »

– Zeus ? hasarde Mistral.

– Non... Mitra, dit Elettra.

– Jamais entendu parler, marmonne Harvey.

– Moi, oui, intervient Sheng. Je crois qu'on le vénère encore en Inde.

– Le professeur écrit que Mitra est le dieu du Soleil. Il meurt et ressuscite, comme le Soleil, qui chaque jour disparaît, puis renaît et… c'est étrange : à Rome, on le fêtait le 25 décembre.

– À Noël ? répète Mistral.

– À l'époque, Noël n'existait pas, lance Harvey.

– Néron commence à se prendre pour un dieu, poursuit Elettra. Il pense être le Soleil en personne. En réalité, il devient fou. « Homme stupide, tu es allé au-delà des limites que l'on t'avait accordées. Tu as cherché des secrets que tu ne devais pas chercher. Tu as obtenu des réponses à des questions que tu ne devais pas poser », commente Sénèque.

– Et que répond Néron ? demande Harvey.

– Il ordonne de construire le Colosse : la plus grande statue en bronze jamais forgée, qui le représente en dieu du Soleil, entouré d'éclairs.

– Il était complètement halluciné…

– En effet. Peu de temps après, il incendie Rome. Tel un dieu, il détruit la source de son pouvoir. Pour commettre son crime, il se sert de…

Elettra a du mal à lire les deux mots suivants.

– De l'Anneau de Feu.

– C'est-à-dire ?

La jeune fille montre le carnet. Le professeur a dessiné un anneau entouré de flammes. Les pages suivantes sont arrachées. Sur ce qu'il en reste figurent des cercles et des spirales enflammées.

En les voyant, Mistral sort de son sac les feuilles qu'elle a ramassées sur le sol de la bibliothèque : on y trouve les mêmes cercles et spirales, répétés de manière obsessionnelle.

– Il m'arrive de faire ce genre de dessins pour passer le temps, dit Sheng. Le professeur est peut-être resté longtemps au téléphone.

– J'opte plutôt pour la folie, insiste Harvey.

– C'est possible..., murmure Elettra en feuilletant les dernières pages du carnet. Il n'y a plus grand-chose de lisible. Sauf peut-être ça : « L'Anneau de Feu est le secret de Sénèque. Il est caché en bas et il est caché en haut. Cherche en bas et tu trouveras en haut. Pour le chemin, utilise la carte. »

– Qu'est-ce que ça signifie ? s'écrie Sheng.

– Rien ! éclate Harvey. Comme tout ce que nous avons lu jusqu'à présent.

– Il parle d'une carte... et il nous en a effectivement laissé une, commente Mistral.

– C'est juste un bout de bois ! dit Harvey.

– Il y a autre chose sur le carnet ? interroge Sheng.

Elettra secoue la tête.

– Je ne crois pas. À part peut-être... On dirait des numéros de téléphone à moitié barrés : « Ilda, nouveautés, 06543804 – Orsenigo, dentiste, 18371904.»

Elle passe le carnet à Sheng.

Il recopie les numéros de téléphone sur la nappe et observe minutieusement les dernières pages.

– Tu me prêtes un de tes crayons ? demande-t-il à Mistral.

Elle lui en tend un. Puis s'adresse aux autres :

– On fait quoi ?

Elettra et Harvey échangent un regard.

– Il va bientôt faire nuit, observe le jeune Américain. Nous sommes dehors depuis ce matin. Il faudrait peut-être rentrer à l'hôtel.

– Tu es fatigué ? lui demande Elettra.

Le portable de Mistral, perdu au fond de son sac, entonne alors le refrain de *You're Beautiful*, la chanson de James Blunt[1].

Mistral extirpe son téléphone de son sac :

– Ohé ! Salut, m'man.

La conversation, une suite de « oui, bien sûr, je comprends, non, non, ça va très bien, mais non », se conclut rapidement. La jeune fille a l'air déçue.

– Mauvaise nouvelle ? lui demande Elettra.

1. Chanteur et musicien anglais né en 1974. (N.d.T.)

– Eh bien..., répond Mistral. Ma mère doit quitter Rome pour son travail et ne reviendra que demain soir. Elle me laisse la chambre. Si... ça ne te dérange pas, je préférerais rester dans la tienne.

– Bien sûr. Pas de problème, dit Elettra.

– Tu dois retourner à l'hôtel? s'enquiert Harvey.

Mistral joue des percussions avec sa cuillère.

– Non... Ce n'est pas nécessaire.

– On peut rester dehors encore un moment, propose Elettra. Je connais un super endroit pour manger une pizza.

– Je dois avertir mes parents, dit Harvey.

– Et toi, Sheng?

– Quoi?

Le jeune Chinois est encore occupé à frotter la pointe de son crayon sur la dernière page du carnet.

– Un coup de fil à mon père et c'est bon, finit-il par dire.

Mistral tend son portable à Elettra.

– Tu appelles pour tout le monde?

La jeune fille commence à composer le numéro de la Domus Quintilia, puis s'interrompt.

– Non...

Elle jette un œil à la nappe et compose un autre numéro. Au bout de quelques sonneries, une voix féminine lui répond.

– Madame Ilda ? Oui, bonsoir, s'exclame Elettra à voix haute.

Harvey bondit brusquement de sa chaise. La mâchoire de Sheng s'affaisse. Mistral sourit.

Elettra poursuit, imperturbable :

– Je suis la nièce du professeur. Oui de tonton... Alfred. Ah, vous ne le saviez pas ? Nous sommes quatre neveux. Oui. Bien sûr que... Comment, non ? Il va... il va très bien... Mais... bon... je m'en doute. Oui... Il nous l'a dit lui aussi. Nous savons qu'il n'est plus passé depuis longtemps. Pour... pour les nouveautés. Bien sûr. Vous les avez ? Toutes les nouveautés, je veux dire ?

Harvey se passe les mains dans les cheveux et tourne nerveusement autour de la table.

– Vous les avez mises de côté, articule Elettra. Comme toujours. Ma... magnifique. Alors on pourrait venir les prendre ? Histoire de... faire une surprise à tonton. Vous dites que c'est lourd ? Aucune importance...

Elettra fait signe à Sheng de noter une adresse.

– Le kiosque, place Argentina. Très bien. Dans un quart d'heure. Parfait !

Et elle raccroche.

– Mais tu es devenue folle ? la réprimande aussitôt Harvey. Pourquoi tu as appelé ce numéro ?

– Et pourquoi pas ? rétorque-t-elle en lui tendant le portable. Tu avais une autre idée ?

– Je n'en sais rien ! soupire Harvey. Et puis mince ! On devrait décider ce genre de truc ensemble, non ?

– Alors, raconte, demande Mistral.

– C'est la propriétaire du kiosque de la place Argentina. Elle a mis de côté des choses pour notre oncle. Et on va aller les récupérer.

– Parfait ! Pendant que nous y sommes, pourquoi ne pas appeler le dentiste pour prendre un rendez-vous ? s'emporte Harvey. Peut-être même que la dent que nous avons trouvée dans la mallette lui appartenait !

– Pourquoi tu es si irritable ? s'insurge Mistral, qui ne supporte plus ses sautes d'humeur.

– Hao ! s'exclame Sheng.

Le jeune Chinois indique la couverture intérieure du carnet, qu'il a complètement noircie avec son crayon.

– Regardez ! J'ai vu faire ça à la télévision, pour faire apparaître les empreintes laissées par la pression du stylo. Et ça marche !

Sur la page est dessiné maintenant un grand cercle à l'intérieur duquel l'écriture fine et anguleuse du professeur indique :

LE CARNET

J'ai découvert & je suis découvert
L'Anneau de Feu
Ils sont à ma recherche
Ils marchent et creusent
Ils regardent
Ils murmurent
Ils rampent
Ils tuent
J'entends
leurs paroles paroles paroles PAROLES
C'est commencé
Ce qui est caché est sur le point de sortir
On ne peut pas
CACHER POUR TOUJOURS

○⊕⊙⊖

L'après-midi est bien avancé quand sonne le téléphone de la Domus Quintilia. Fernando Melodia referme *La gazzetta dello sport*, prend le combiné et répond :

– Allô ? Ah, salut, Elettra.

– C'est qui, Fernando ? demande une voix aiguë.

Tante Linda apparaît à la porte, et Fernando lui fait signe de se taire.

– Non, tout va bien, penses-tu..., dit-il. C'est une bonne idée de les emmener au Monte-Carlo pour manger une pizza.

– C'est Elettra ? intervient Linda en haussant le ton. Si c'est elle, passe-la-moi tout de suite.

Fernando lui tourne le dos, s'emmêlant dans le fil du téléphone.

– Bien sûr, je vais les avertir... Le père de Sheng n'est pas encore rentré et les parents d'Harvey...

Tante Linda se laisse tomber sur le canapé et ordonne à Fernando de lui passer sa nièce.

– Elettra, c'est ta tante..., la prévient Fernando, avant de lâcher le combiné.

– Elettra ! s'exclame Linda Melodia telle une furie. Dis-moi ce que vous avez fait la nuit dernière. J'ai vu vos empreintes dans la neige !

Fernando se tasse sur le divan et grommelle :

– Elle m'a dit qu'ils allaient acheter des revues place Argentina. Et qu'ils ne rentraient pas pour le dîner.

Il adresse un sourire embarrassé à la jeune femme aux yeux sombres qui l'observe depuis le salon, et replonge dans son journal sportif.

– Dis-moi ce que vous avez fait hier soir ! répète à nouveau Linda.

Un ange passe.

– Elettra ! hurle, incrédule, Linda Melodia. À quoi tu joues ?

Et elle raccroche.

– Qu'est-ce qu'ils ont fait ? demande Fernando, amusé, sans lever les yeux de son journal.

– Ta fille lit trop de livres ! soupire Linda. Tu sais ce qu'elle m'a raconté ? Hier soir, sur le pont des Quattro Capi, ils ont rencontré un homme que l'on a ensuite égorgé !

– Bon sang ! s'exclame Fernando, sans réussir à cacher une pointe d'admiration pour les excuses incroyables de sa fille.

– Elle a également déclaré que ça faisait la une du journal, ajoute Linda en revenant vers son hôte. C'est insensé ! Ces gamins inventent des histoires terribles...

Fernando referme *La gazzetta* et jette un coup d'œil à la première page du *Messaggero*.

– Apparemment, ils l'ont vraiment trouvé, ce type, le long du Tibre...

– Fernando ! Tu ne vas pas t'y mettre toi aussi !

Il hausse les épaules et coupe court à la conversation.

Quelques minutes plus tard, Béatrice sort de la Domus Quintilia, l'air euphorique.

Elle compose rapidement un numéro sur son portable.

– Little Linch ? J'ai peut-être une piste, dit-elle. On se retrouve place Argentina. Devant le kiosque.

13
LES NOUVEAUTÉS

Sur la place Argentina, des bandes de chats paressent au milieu des temples en ruine. Insouciants de la circulation et de la neige, ils se promènent tranquillement, telles les divinités tutélaires des lieux.

Près des arrêts de bus grouillants de monde se dresse un petit kiosque en préfabriqué, entièrement recouvert d'affiches publicitaires. Le visage ridé de la propriétaire flotte au-dessus d'un mur de revues.

Lorsque les enfants arrivent devant le kiosque, la femme est à deux doigts de les embrasser.

– J'étais si inquiète ! s'exclame-t-elle.

Elle leur montre la première page du *Messaggero* et dit :

– Ce matin, en voyant cette photo, j'ai failli m'évanouir ! J'ai cru reconnaître l'imperméable de votre oncle...

Elettra, Sheng, Mistral et Harvey essayent de changer de sujet.

– Tant mieux ! Tant mieux ! soupire Ilda. Je ne l'avais pas vu depuis plusieurs jours et, si vous ne m'aviez pas appelée, je serais passée ce soir chez lui.

– On a bien fait de vous contacter alors, murmure Elettra.

Ilda disparaît au fond du kiosque et se met à fouiller dans des casiers en plastique où sont rangés des magazines sans cesser de parler :

– Il avait l'air effrayé ! Je lui ai même demandé s'il mangeait, car il était pâle, et beaucoup plus maigre qu'à l'ordinaire. Sérieusement, il ne faisait même pas soixante kilos ! Vous lisez trop, je lui ai dit ! Et vous avez trop de soucis !

La marchande de journaux sort de son kiosque par une petite porte latérale. Elle est beaucoup plus petite que les adolescents, mais avec des épaules et des bras impressionnants : elle porte sans effort apparent quatre sacs en plastique bourrés de revues.

– Tout est là, explique-t-elle. Dans le premier, j'ai mis les principaux quotidiens. *Le figaro*, *Le monde*, le

New York Times, le *Bombay Post*. Il ne manque que la *Pravda*, qui arrive toujours en retard. Là, il y a les revues des missionnaires africains et les hebdomadaires argentins et boliviens. Les mensuels polonais et finlandais sont regroupés dans ce troisième sac, c'est le Nord tout ça, n'est-ce pas ? Dans le dernier, j'ai glissé tous ceux que je suis incapable de lire et dont je ne peux déduire la provenance.

– Je prends celui-là ! se propose Sheng en lorgnant dans le sac les journaux chinois.

Ilda le dévisage avec curiosité, étonnée qu'un Oriental figure parmi les neveux du professeur, puis, comme si cela pouvait tout expliquer :

– C'est vraiment un homme cosmopolite.

Les trois autres se partagent le reste.

– Excusez-moi, mais... vous nous avez bien dit que, si nous n'avions pas appelé, vous seriez allée directement chez notre oncle. Vous avez donc un double de ses clefs ? interroge Elettra.

– Bien sûr ! s'exclame Ilda en disparaissant à nouveau dans son kiosque.

Elle réapparaît peu après entre les revues de cuisine et tend aux jeunes gens un trousseau de clefs.

– Il perd souvent les siennes et vient récupérer celles-ci à chaque fois qu'il se retrouve coincé.

Une petite étiquette avec une adresse écrite à la main est collée sur le porte-clefs. Elettra ne connaît pas le nom de la rue, mais elle préfère ne pas poser d'autres questions.

Ils saluent Ilda en la remerciant mille fois et s'engouffrent dans la première station de métro à la recherche d'un plan de Rome.

– Ligne B, dit Harvey en repérant l'adresse. Dernière station.

– On reviendra à temps pour la pizza ? s'inquiète Sheng.

Les autres ne lui répondent pas.

Quand ils sortent du métro, la nuit est déjà tombée.

Le soleil s'est couché derrière les collines, et les immeubles ressemblent à des fourmilières qui auraient poussé le long de la rue. Les voitures passent à toute vitesse en découpant la nuit de leurs phares. De nombreux lampadaires sont éteints, d'autres s'allument par intermittence. L'asphalte dégage une odeur de poubelles et de chiens errants.

Elettra, Harvey, Mistral et Sheng avancent lentement, en traînant leurs sacs en plastique bourrés de journaux.

– Vous pensez que le professeur lisait tout ça ? demande Sheng.

– Je ne sais pas, répond Elettra.

Elle agite le trousseau de clefs.

– Mais nous le découvrirons bientôt.

– On va finir par rencontrer des loups, commente Harvey. C'est pire que le Bronx.

Les jeunes gens marchent entre de grandes fresques murales très colorées.

– C'est ici..., murmure Elettra.

Ils se tiennent devant la porte décrépite d'un immeuble grisâtre de quatre étages, qui paraît écrasé entre les autres bâtiments. Des forêts d'antennes paraboliques tremblent sur les terrasses voisines. Les rectangles lumineux des téléviseurs clignotent derrière les fenêtres.

La rue est sombre et le goudron crevassé. L'épave d'une mobylette est attachée par une chaîne à l'unique lampadaire encore allumé.

– On ne peut pas dire que ce soit un beau quartier, lance Mistral en regardant autour d'elle, l'air préoccupé.

Harvey se racle la gorge, inquiet.

– On dirait que cet immeuble va s'écrouler d'un moment à l'autre.

– C'est bien la bonne adresse ? s'étonne Sheng. Parce que j'ai l'impression qu'il n'y a personne.

Les fenêtres de l'immeuble sont toutes fermées par des rideaux métalliques et paraissent carrément condamnées.

Une voiture file dans une rue transversale, en faisant vrombir un pot d'échappement fatigué.

– On ne devrait peut-être pas rester au milieu de la rue, suggère Elettra.

Elle grimpe les marches qui la séparent de la porte d'entrée. Sur le panneau d'interphones apparaît une seule étiquette, écrite à la main sur du ruban adhésif.

– C'est la bonne adresse, murmure Elettra. Un anneau est dessiné sur l'étiquette.

Ils sonnent deux fois, sans résultat. Elettra sort alors les clefs et déverrouille la porte. Elle s'entrouvre en gémissant. Dans le hall poussiéreux gisent des dizaines d'enveloppes. Elles ont glissé sur les vieux carreaux ébréchés qui conduisent à un escalier agrémenté d'une vieille rampe noire.

Il y a une bicyclette abandonnée.

Et une odeur de moisissure.

Elettra cherche l'interrupteur, le presse.

Un lustre de guingois clignote près du plafond, puis s'allume en grésillant. Une lumière aveuglante révèle des murs rongés par l'humidité. Des tuyaux métalliques fixés contre l'escalier disparaissent dans le sous-sol. Les compteurs électriques ressemblent à des champignons en plastique qui auraient poussé sur l'enduit.

– Je ne monte pas, dit Mistral.

– Je pense qu'il vaut mieux monter que rester ici, murmure Sheng.

– Tu crois que l'escalier va tenir le coup ?

– Je n'ai jamais rien vu d'aussi sale, constate Harvey.

– Si tu viens à Shanghai, je t'emmènerai voir les maisons flottantes.

– Il y a quelqu'un ? crie Elettra au pied de l'escalier.

Ne recevant aucune réponse, elle s'appuie contre la rambarde et jette un œil vers les hauteurs.

– Il habite à quel étage ?

– Avec tous ces sacs à transporter et vu qu'il n'y a pas d'ascenseur, je parierais pour le dernier, bougonne Harvey.

– J'ai bien peur que tu aies raison, répond la jeune fille.

Et elle commence à grimper.

Harvey ferme la porte qui donne sur la rue.

– Bon, allons-y, mais ne nous éternisons pas.

– Pizza, rappelle Sheng, comme pour évoquer une récompense.

Ils gravissent les marches en silence, sans prêter attention à l'état des lieux.

Lorsqu'ils arrivent au premier étage, le lustre lance une sorte de râle électrique.

Et s'éteint.

– Il n'y a pas d'interrupteur, se plaint Elettra, en palpant le mur.

– Et pas la moindre fenêtre, dit Harvey en queue.

– Encore dans le noir ! vitupère Sheng. Ça devient une habitude.

– Vous avez entendu ? murmure Mistral.

– Entendu quoi ? s'énerve Harvey.

– Le bruit qu'a fait le lustre ! C'était... *terrifiant.*

– C'est une vieille installation dans une vieille maison, dit Harvey. Je ne vois pas ce qu'il y a d'inquiétant.

Mistral serre les poings.

– Ce n'est pas normal, insiste-t-elle. La lumière des escaliers ne s'éteint pas au bout de quelques secondes à peine.

– Attendez-moi là, lance Sheng.

Il pose les journaux par terre et fait glisser son sac à dos. Puis redescend les escaliers pour aller actionner l'interrupteur du hall.

– Personne ne peut habiter ici, dit Elettra.

En dehors des pas de Sheng, pas le moindre bruit, la moindre voix, le moindre filet d'eau coulant dans les tuyaux. L'escalier est glacial, grisâtre, abandonné.

– Nom d'un chien ! éructe Sheng.

Il se bat un moment avec l'interrupteur, puis laisse tomber.

– Je crois bien qu'il est mort.

– *Houston, on a un problème*[1], ironise Harvey.

Elettra a l'impression de voir les yeux du jeune Américain briller dans l'obscurité.

– La lumière n'est apparemment pas de notre côté, murmure-t-elle.

– Pas aujourd'hui, en tout cas, lui répond Harvey. On tente quand même ?

– Après tout, ce n'est qu'un escalier, conclut Mistral.

Et ils recommencent à grimper lentement, dans le noir.

Au quatrième étage, une minuscule fenêtre donne sur la rue. Elle laisse filtrer un rai de lumière

1. Phrase célèbre lancée par les astronautes d'Apollo 13 après l'explosion du réservoir à oxygène de leur vaisseau en avril 1970. Un film narrant cette mésaventure a été réalisé par Ron Howard en 1995. (N.d.T.)

suffisant pour leur permettre de lire sur la plaque de l'unique porte : Professeur Alfred Van Der Berger.

– C'était un vrai prof, dit Sheng.

Elettra presse la sonnette. Un son insistant résonne dans l'immeuble désert. Un instant plus tard, la jeune fille sort le trousseau de clefs, en glisse une dans la serrure et ouvre la porte.

Une forte odeur de tabac et de papier s'échappe de l'appartement.

L'interrupteur fonctionne.

– Heureusement, soupire-t-elle.

Mais le soupir meurt aussitôt dans sa gorge.

Car ce qu'elle voit est impressionnant.

– Allô ? Vladimir, ils ont tué Alfred.

– Tu plaisantes ? Non… C'est impossible.

– C'est la stricte vérité. C'est dans le journal. En première page.

– Il devait préparer le terrain. Rien de plus simple ! Même si c'était… le plus faible de tous.

– Alfred n'était pas le plus faible.

– Je crois bien que si. Et tu le sais très bien. Tu te souviens des loups ? Il était persuadé d'être suivi. Il était obsédé par cette idée.

– Apparemment, il avait raison.

– Il a au moins réussi à… ?

– Il a été tué juste après avoir confié la mallette.

– Tu penses que c'est ce qu'ils cherchaient ?

– J'en suis sûr. Quelqu'un veut la récupérer. Mais qui ?

– Ce n'est pas moi. Et ce n'est pas toi.

– Nous sommes trois, Vladimir.

– Tu as répondu toi-même à ta question.

– On ne peut pas retrouver sa piste ?

– Je l'ai entendue pour la dernière fois il y a deux ans. Elle était en Chine.

– Elle aurait donc parlé…

– Oui, ça ne fait plus aucun doute.

– Mais à qui ? Et pourquoi ? Elle savait bien qu'il ne fallait pas intervenir... Qui se cache derrière tout ça, Vladimir ?

– Je ne sais pas. On ne contrôle plus rien.

– Les gamins sont en danger ?

– Il faut... le vérifier. Je peux éventuellement donner un coup de fil.

– Donnes-en plutôt cent. Ou je trouverai le moyen de tout arrêter.

14
L'APPARTEMENT

Ni meuble, ni tableau, ni tapis.

Une fois la porte franchie, on tombe sur un couloir, flanqué de murs de livres qui montent jusqu'au plafond. Et, au milieu du couloir, encore d'autres livres, empilés pour former des colonnes, des tabourets, des petites tables, des plateaux. Revues, journaux, fascicules, cahiers qui occupent le moindre centimètre carré de l'appartement. Certaines colonnes font plus d'un mètre et d'autres atteignent le plafond. Cette structure labyrinthique ne ménage qu'un étroit passage, à peine suffisant pour se déplacer.

– Nom d'un chien..., murmure Sheng.

Ils ne savent même pas où poser leurs sacs. L'air est immobile et sent le renfermé. La faible lumière du plafonnier éclaire avec peine cet amoncellement de papier.

– Il avait apparemment besoin d'une bibliothèque, ajoute Sheng.

– Il était complètement fou, marmonne Harvey.

Déconcertée, Mistral secoue la tête.

Elettra fait quelques pas dans le couloir. Le parquet vibre sous ses pieds.

– C'est envahi de poussière...

Elle passe la main sur le dos des volumes. De vieilles éditions reliées en cuir, des séries économiques, de poche, des titres italiens, anglais, russes, portugais. Des couvertures claires, foncées, des livres illustrés, des caractères dorés et des lettres noires comme la nuit.

– C'est dingue, murmure-t-elle en pénétrant dans une jungle de livres. Tout l'appartement est comme ça.

Le couloir mène à deux chambres entièrement tapissées de livres. Pas un seul meuble : juste d'étroits passages au sein d'un unique dédale de papier.

Mistral suit son amie. Il flotte partout une odeur de poussière, de papier et de tabac mélangés.

– Ne touchez à rien, susurre-t-elle. Ne touchez à rien.

Elle a peur que cette construction instable ne s'écroule sur eux d'un moment à l'autre.

Harvey referme la porte de l'appartement.

– Non... Nous allons étouffer ! l'implore Mistral.

Harvey obtempère.

– Laissons les sacs dehors, propose Sheng. De toute façon, je ne crois pas qu'on puisse nous les voler...

– Et ça, c'est quoi ? demande Harvey en retournant dans le couloir.

Un petit tableau est suspendu sur la porte d'entrée. Quelqu'un y a tracé deux colonnes de chiffres, qu'il a petit à petit effacées.

1 000-70
915-68
560-69
452-70
390-69
345-65
230-60
137-58

– On dirait l'écriture du professeur, note Sheng. Mais ça signifie quoi ?

– Des factures à payer ? murmure Harvey. Ou bien le nombre de livres qu'il y a là-dedans ?

– Il s'agit de deux comptes dégressifs, fait remarquer Mistral.

– Non. La deuxième colonne grimpe et descend, rectifie Sheng.

– C'est peut-être une sorte de régime, suggère Mistral, en revenant lentement sur ses pas. Ma mère a un tableau semblable sur notre frigo.

– Vous voulez dire que le professeur était au régime ? grommelle Harvey, dubitatif.

– La femme du kiosque a dit qu'il était très maigre, rappelle Sheng. Maigre comme un squelette.

– Elle a même ajouté qu'il pesait moins de soixante kilos, observe Mistral, en indiquant le dernier chiffre inscrit sur le tableau.

– Et, avant, il en pesait soixante, soixante-cinq...

Harvey vérifie toute la colonne.

– Avec un maximum de soixante-dix kilos.

– Et la première colonne ?

Mistral sort alors son carnet et recopie patiemment les deux séquences de chiffres.

Un peu plus loin, au cœur du labyrinthe, Elettra se déplace sur la pointe des pieds. Elle a la désagréable sensation de marcher au-dessus du vide. Elle traverse ce qui ressemble à une salle à manger et...

– J'ai peut-être trouvé la cuisine ! s'exclame-t-elle.

– Allons voir, propose Sheng.

La cuisine est une pièce étroite. Il y a des plats empilés dans l'évier et des revues aux pages humides dans le moindre recoin. Un plan de Rome est plaqué contre le frigo par quatre aimants en forme d'astronefs. Le professeur y a tracé des cercles au feutre. Et il a écrit :

Ça commencera le 29 décembre
Cent ans plus tard.

Mistral déboule tel un fantôme, émergeant de l'obscurité de la salle à manger.

– Qu'est-ce que tu as trouvé ? demande-t-elle à Elettra.

– Juste cette carte de Rome. Le professeur savait précisément que ça devait démarrer le 29 décembre.

Mistral secoue la tête.

– On ne peut pas sortir de là ? Cet endroit me fait peur.

Mais Elettra observe encore le plan.

– Il a fait un cercle autour de Trastevere, dit-elle en indiquant la position de son hôtel. Et également autour des Parioli et de l'Esquilino. Dans ces quartiers, il y a eu aussi une coupure de courant le 29. Le professeur l'avait prévue ? Ça indiquait le commencement ?

Le regard de Mistral n'exprime qu'inquiétude.

– Elettra ? Mistral ? les appelle Sheng d'une autre pièce de l'appartement. Venez...

– On a quelque chose d'intéressant ! lance Elettra en détachant le plan de Rome du réfrigérateur.

– Nous aussi ! insiste Sheng. Venez voir !

Mistral ne se le fait pas dire deux fois. Elle attrape la main d'Elettra et l'entraîne hors de la cuisine.

– Qu'est-ce que vous avez découvert ?

– Des étoiles, répond Harvey. Partout.

Le plafond de la chambre à coucher est recouvert d'une carte du ciel constituée de dizaines de feuilles collées soigneusement les unes contre les autres. Des lignes unissent entre elles les étoiles les plus brillantes, créant des silhouettes lumineuses aux noms anciens : le Dragon, la Ceinture d'Orion, Hercule, le Chien, le Cocher, le Petit Chariot, l'étoile Polaire, la Grande Ourse. Certaines étoiles sont entourées de cercles rouges comme les pions d'une bataille navale.

– Le professeur étudiait les astres, commente Harvey en s'installant sur le matelas pour mieux observer le plafond.

– Comme des milliers d'autres choses, ajoute Elettra.

– L'un d'entre vous s'y connaît en astronomie ? interroge Sheng.

– Ça m'étonnerait, soupire Harvey. Mais c'est la matière qu'enseigne mon père à l'université. On pourra toujours lui poser des questions.

Mistral parcourt les notes consignées dans son carnet.

– Le professeur étudiait les étoiles pour découvrir l'Anneau de Feu. Et la carte est peut-être un moyen d'y parvenir… En cherchant en bas on trouvera en haut… Ou quelque chose d'approchant, réfléchit-elle à voix haute.

– Lumineux ! s'exclame Sheng, ironique.

– Qu'est-ce que ça peut être de si important ? se demande Mistral.

– Un secret pour lequel certains sont prêts à tuer, répond Sheng.

– En cherchant en bas, on trouve en haut, répète Elettra. En haut il y a bien les étoiles, non ?

– Et en bas ?

– Le sol, observe Sheng.

– Et qu'y a-t-il sur le sol ?

– Nous. Et quelques tonnes de livres.

– Et à nouveau des cercles rouges, commente Elettra en désignant aux autres les signes tracés là où il n'y a pas de livres.

Elle sort de la chambre à coucher.

– Il y en a d'autres dans le couloir.

– On dirait une carte au trésor, note Sheng. Tu sais, du genre : « C'est ici qu'il faut creuser ! »

– Je ne comprends rien, capitule Harvey. On va peut-être trop vite. Il faudrait d'abord faire traduire le livre que nous avons trouvé à la bibliothèque. Ou relire avec plus d'attention le carnet du professeur.

Sheng fait tanguer le sac devant lui.

– Tout est là, en sécurité.

Mistral indique un ouvrage posé sur la table de nuit.

– Il devait être en train de le lire.

Le garçon s'allonge sur le lit pour l'attraper et l'époussette.

– Il y a déjà bien longtemps qu'il l'a feuilleté pour la dernière fois. Il s'intitule : *Questions naturelles – Sur les comètes*. Et il est de Sénèque.

Sheng claque des doigts.

– Le maître de Néron !

– Lui-même, confirme Harvey en tournant les pages. Il est entièrement écrit en latin. Si quelqu'un se sent de le traduire...

– Récapitulons, dit Sheng. On a une dent, un objet que le professeur appelle « carte en bois », quatre toupies, un livre incompréhensible en grec et un autre livre incompréhensible en latin.

– Bravo pour le résumé, ricane Harvey.

– Et puis il y a *eux*, les êtres mystérieux qui ont tué la seule personne qui pouvait nous expliquer comment relier ces objets. J'ai oublié un détail ? demande Sheng.

– À part les extraterrestres, les services secrets américains et une île infestée de dinosaures... il me semble que non, professeur Sheng, répond Harvey en lui serrant la main d'un air grave.

– D'accord, intervient Elettra. Nous sommes sur les traces de « l'Anneau de Feu », quelque chose d'apparemment très ancien... et qui est caché à Rome. Nous savons que le professeur le cherchait depuis des années et qu'il l'a peut-être trouvé dans l'un de ces endroits.

Elle montre aux autres le plan de Rome avec les quartiers cerclés de rouge.

Et c'est à ce moment même que le téléphone se met à sonner.

Sheng pousse un cri. Mistral referme brusquement son carnet.

Et un frisson glacé les gagne tous.

○⊕⊙⊖

– C'est celui-là, dit Béatrice, en garant la Mini le long du trottoir.

Jacob Mahler sort de l'automobile en un mouvement fluide.

– Hé ! Un moment ! proteste Little Linch, encore avachi sur le siège arrière.

Il s'agrippe à l'appuie-tête et au toit pour s'extirper du véhicule. Une fois dans la rue, il essaye en vain de lisser son costume.

– Tu ne pouvais pas acheter une vraie voiture ? se plaint-il à Béatrice.

– Remercie le ciel que j'ai récupéré celle-là, répond la jeune femme.

Jacob Mahler découvre un petit immeuble gris de quatre étages. Il lève une main pour indiquer une lumière allumée au dernier étage.

– Il y a encore quelqu'un, dit-il. Parfait.

Il tire l'archet de son étui comme s'il s'agissait d'une épée.

Béatrice étudie rapidement le bâtiment. La vendeuse de journaux de la place Argentina leur a parlé des neveux du professeur, et de l'endroit où ils étaient allés. Probablement une maison secondaire, si l'on en croit Little Linch, qui a suivi Alfred Van Der Berger pendant des semaines et ne l'a jamais vu dans le coin. Il habitait un studio dans le centre, tout près du Caffè Greco. Mais l'appartement s'est avéré totalement vide, à l'exception d'une poignée d'habits de rechange.

– Quel endroit ! peste Little Linch, en écrasant quelque chose sous son talon.

Il essaye de nettoyer ses mocassins dans un tas de neige, mais finit par y renoncer.

– Un endroit vraiment dégoûtant.

Béatrice met les feux de détresse.

– On monte voir ?

Jacob Mahler secoue la tête, puis fait un signe à Little Linch qui trottine derrière lui, tel un sanglier.

Béatrice ne dit rien, fixant haineusement le dos de Mahler.

– Garde le moteur allumé, lui ordonne le tueur.

Puis il fait sauter la serrure de la porte d'entrée d'un coup d'archet et pénètre dans l'immeuble.

Little Linch le suit. Il allume une lampe électrique et se tourne une dernière fois vers Béatrice.

– On revient tout de suite, beauté...

Puis il disparaît dans l'obscurité.

15
LE TÉLÉPHONE

Le téléphone du professeur Alfred Van Der Berger continue à sonner, enseveli quelque part sous la multitude de journaux qui encombrent la chambre à coucher.

Mistral plonge la main entre des agendas jaunis, soulève un plan replié de Kilmore Cove[1], saisit un vieux téléphone en bakélite noire et le tend aux autres.

– Le voilà !

– Réponds, l'encourage Harvey.

– Je ne peux pas, s'insurge-t-elle. Il faut une voix masculine.

1. Village fictif de la saga *Ulysse Moore* de Pierdomenico Baccalario. (N.d.T.)

Sheng et Harvey se regardent. Harvey arrache le combiné des mains de Mistral et le met aussitôt contre l'oreille de Sheng.

– Hé ! s'exclame, surpris, le jeune Chinois. A-llô ?

– Professeur, c'est Ermete !

Voix d'homme, plutôt jeune. Plutôt préoccupé.

– C'est vous, professeur ? Je vous entends très mal ! Vous ne pouvez pas changer ce satané appareil ?

Gagné par la panique, Sheng pose la paume de sa main contre le combiné.

Elettra et les autres lui font signe de poursuivre.

– B-bonjour, se lance Sheng devant le micro.

– Tout va bien ? Vous me paraissez bizarre. Que se passe-t-il ? Ça fait une semaine que je vous cherche !

– Tout va bien, articule Sheng, en parlant plus bas. Dehors. J'étais... dehors.

– Je comprends. Écoutez-moi...

Le mystérieux interlocuteur semble avoir le diable aux trousses. Sa voix est en partie recouverte par le vrombissement furieux d'une mobylette.

– Je crois avoir compris comment fonctionne la carte.

– La... carte ?

– La carte, professeur ! On l'étudie depuis des mois ! Hier, en lisant un illustré, j'ai eu une illumination. C'est bien comme vous le pensiez. Elle est diablement facile à utiliser et diablement ancienne. Vous m'avez compris ?

– Diablement, répète Sheng, ne sachant pas très bien quoi répondre.

Elettra pose son oreille contre l'écouteur, en essayant d'entendre quelque chose.

« Demande-lui qui il est », mime-t-elle avec les lèvres.

– En fait, je n'ai pas... Je n'ai pas très bien saisi.

Vrombissement de moteur.

– Écoutez, poursuit l'homme. Je n'ai pas trop le temps d'entrer dans les détails. La carte a été fabriquée bien avant Christophe Colomb, Sénèque ou Alexandre le Grand ! Mais elle n'est ni romaine ni grecque. Ces inscriptions, sur le côté, ont été gravées plus tard. Celles qui figurent à l'arrière sont encore plus récentes.

– Mmm... Très bien, dit Sheng, embarrassé.

– C'est même parfait, non ? Il faut l'essayer le plus vite possible. Quand peut-on se voir ?

– Ah... Eh bien...

Elettra lui murmure quelque chose.

– Demain, si ça te convient, répond Sheng.

– Très bien. Dans ma boutique ?

– Dans ta boutique, acquiesce Sheng.

Puis il regarde Elettra, qui écarquille les yeux, l'air affligé.

– Hao ! s'exclame-t-il alors. Mais où ça, exactement ?

– À Testaccio, bien sûr ! Au Royaume du Dé !

Mistral prend déjà des notes dans son carnet.

– Fantastique, grommelle Sheng.

– Je vous attends. Et n'oubliez pas d'apporter les toupies.

Dès que l'inconnu raccroche, Sheng ferme les yeux, relâche sa prise sur le téléphone et se laisse tomber en arrière, faisant vibrer la pièce, tel un tambour.

Mistral s'agenouille près de lui.

– Tu as été fantastique !

Sheng se passe une main sur le front.

– Nom d'un chien ! Mais qu'est-ce que vous m'avez fait faire ? C'était dingue...

Il lance un regard à Harvey, qui lève les bras pour s'excuser de lui avoir lâchement passé le téléphone.

Le garçon résume la communication téléphonique, puis se redresse dans un nuage de poussière.

– Alors ? interroge Harvey.

– On va manger cette pizza, répond Sheng en se frottant le ventre. Puis on rentre à l'hôtel. On a besoin d'une bonne nuit de sommeil. Et demain, on voit ce type pour qu'il nous en dise plus sur la carte.

– On peut lui faire confiance?

– Je dirais que oui.

– Et si c'était... l'un d'*eux*? insiste Harvey. Ce coup de fil est peut-être un piège.

– Tu vois des pièges partout! proteste Sheng. Qu'est-ce que vous en dites?

Mistral est d'accord avec lui. Elettra, plus dubitative.

– De toute manière..., lance Harvey, en retournant s'asseoir sur le lit, ça nous servira à quoi de savoir comment fonctionne cette carte?

– À atteindre l'Anneau de Feu, précise Sheng. Avec la carte... le problème est réglé.

– Un problème qui, par ailleurs, n'était pas le nôtre jusqu'à ce qu'Elettra juge bon d'accepter la mallette d'un inconnu, souligne Harvey.

– Tu ne peux pas résumer les choses comme ça, proteste la jeune fille. Tu veux que je te rappelle comment nous nous sommes rencontrés?

– À cause d'une réservation mal enregistrée par ton père.

– Et notre anniversaire? Et la panne de courant?

– Et mes yeux jaunes? ajoute Sheng.

Elettra leur montre la carte de Rome avec les sept cercles.

– Le professeur le savait. Il a indiqué les quartiers touchés par la panne de courant. Et regardez ce qu'il a écrit : « Ça débutera le 29 décembre. »

Harvey plisse les lèvres.

– Tout ça ne veut strictement rien dire !

– Moi, je crois plutôt que ce qui nous arrive suit un unique dessein, suggère Mistral.

– Nous ne nous sommes pas retrouvés tous les quatre ici par hasard, tout de même ! s'exclame Elettra.

– Non ? Et comment, alors ?

Sheng lance un coup d'œil à Elettra et soupire.

– Il est vraiment têtu, hein ?

– J'essaye juste de réfléchir, réplique Harvey, vu que personne d'autre n'a l'air de vouloir le faire. Si on continue, on va perdre le sens des réalités et finir comme le professeur. Ou Néron.

Il se tapote la tempe de l'index.

– Nous sommes en train de devenir fous. Et c'est peut-être ce qu'ils veulent, *eux*. Nous rendre fous.

– Vous savez ce que je propose ? les interrompt Mistral. On sort d'ici et on va manger une pizza. On pourra toujours poursuivre la discussion là-bas.

Et elle quitte la chambre sans attendre leur avis.

Les trois autres s'interrogent du regard. Harvey feuillette le carnet de Mistral d'un air admiratif. Il y a des esquisses du Caffè Greco, de la Bibliothèque Hertzienne, des colonnes de la place Argentina.

– Je n'ai pas envie de traquer un secret pareil, les gars, conclut-il en refermant le carnet sur ses genoux. Et je ne veux pas être poursuivi par une bande d'individus sans scrupules.

– Si c'est ce que tu penses, on ne peut pas te forcer à rester avec nous.

Le visage d'Elettra affiche une certaine déception.

Harvey bondit hors du lit.

– Je crois qu'on devrait tout arrêter maintenant. Carte, Royaume du Dé, Anneau de Feu... Une vraie folie !

Harvey baisse brusquement le ton.

Quelqu'un monte les marches.

– Vous avez entendu, vous aussi ? murmure-t-il aux autres.

– Où est Mistral ? s'inquiète Sheng.

– Mistral ? chuchote Elettra.

Pas de réponse. Ils se blottissent tous trois près du lit du professeur, en tendant l'oreille. Un bruit lointain d'automobiles. L'air figé de l'appartement.

Le réfrigérateur de la cuisine qui gargouille et se met en marche en laissant entendre un hoquet.

– Mistral ? murmure Elettra une seconde fois.

Un bruit. Harvey lui saisit le poignet.

Elettra acquiesce. Elle l'a entendu aussi : le grincement de la rampe d'escalier.

Puis des pas sur les marches.

Elettra glisse la tête par la porte de la chambre. Mistral est à l'autre bout du couloir, immobile, tel un fantôme. Les yeux écarquillés d'effroi.

La gorge nouée, Elettra voit la lumière d'une torche électrique jaillir de l'escalier.

Sheng la rejoint en rampant. Harvey reste accroupi derrière eux.

– Ils montent..., s'affole Elettra.

– Qui ?

– Je ne sais pas.

Ils écoutent les pas.

– Ils sont au moins deux, conclut Harvey.

Et ils gravissent les dernières marches.

Elettra fait signe à Mistral de venir, mais cette dernière secoue la tête et indique ses pieds. Un cercle rouge est dessiné sur le sol.

La lumière de la torche éclaire le palier.

La première personne qui apparaît sur le seuil ressemble à un vampire. Il est vêtu de noir, grand, maigre, les cheveux blancs et il a un violon à la main. Derrière lui souffle un gros type. Il tient la torche électrique et traîne les pieds en s'agrippant à la rampe.

– Ce sont *eux*, dit Sheng. Ils sont arrivés.

L'homme grand et maigre s'arrête devant l'entrée et soulève avec lenteur son violon, le coinçant entre l'épaule et le menton. Dans sa main droite scintille un archet. Il le pose délicatement sur les cordes et commence à jouer une mélodie bouleversante et hypnotique qui coule dans l'appartement comme du miel. Des notes délicates, parfaitement rondes. Lentes et douces. Elles s'insinuent entre les livres, atteignent les oreilles des jeunes gens, les caressent.

Les paupières d'Elettra sont lourdes. Elles battent une fois, deux fois, se ferment.

Quand elle les ouvre à nouveau, la musique du violon s'envole. L'homme donne un coup de pied à la porte, qui claque contre le mur.

Il est à l'intérieur.

La musique danse avec lui dans le couloir, attirante. Les notes parlent de sommeil, de tranquillité, de calme. Elettra se force à tenir les yeux ouverts.

Sheng, à côté d'elle, a sombré dans un sommeil profond.

Harvey est sur le lit du professeur, la tête sous un coussin.

«Je ne veux pas... dormir...», s'exhorte la jeune fille.

Elle se plante les ongles dans le gras des doigts, jusqu'au sang. Son pouls est faible, comme privé de sang, ses yeux sont lourds.

«Vous devez rester ouverts...», se répète-t-elle avec obstination. «Vous devez rester ouverts...»

Et la musique s'interrompt brusquement.

Elettra voit Mistral faire un pas en avant dans le couloir. Les mains pressées sur les oreilles. En hurlant :

– Assez ! Assez !

– Salut, fillette, susurre Jacob Mahler.

Derrière lui, Little Linch titube sur le palier, comme hypnotisé par le chant des sirènes.

Mistral libère ses oreilles et secoue la tête.

– Arrêtez la musique... Je vous en prie, murmure-t-elle.

Un sourire perfide se dessine sur le visage de Jacob Mahler. Il laisse tomber le violon et l'archet le long du corps.

– Alors, c'est toi la plus sensible du groupe. J'arrête de jouer, c'est promis. Mais tu ne vas pas

CENTURY
IGNIS

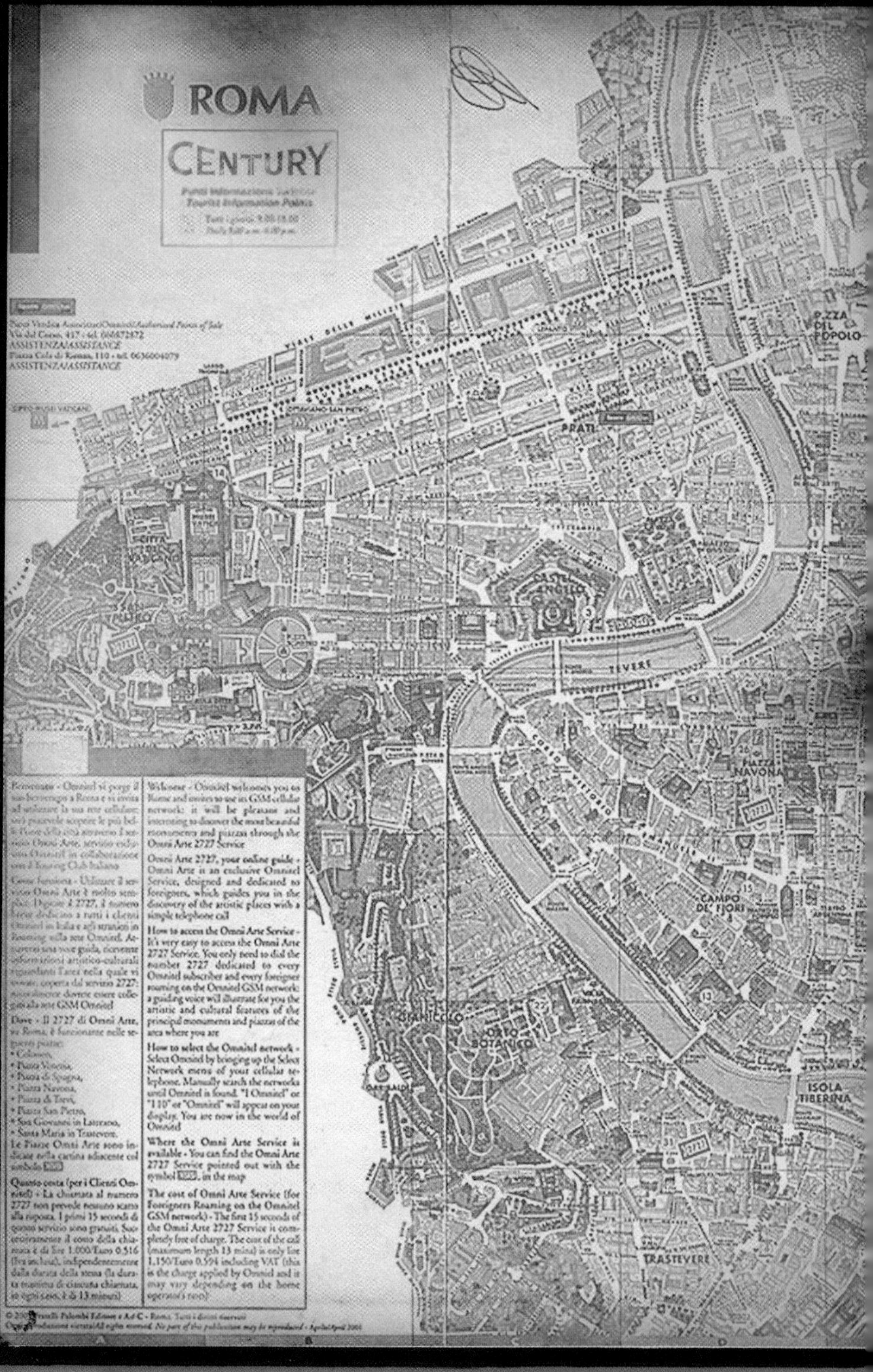

Benvenuto - Omnitel vi porge il suo benvenuto a Roma e vi invita ad utilizzare la sua rete cellulare; sarà piacevole scoprire le più belle Piazze della città attraverso il servizio Omni Arte, servizio esclusivo Omnitel in collaborazione con il Touring Club Italiano

Come funziona - Utilizzare il servizio Omni Arte è molto semplice. Digitate il 2727, il numero breve dedicato a tutti i clienti Omnitel in Italia e agli stranieri in Roaming sulla rete Omnitel. Attraverso una voce guida, riceverete informazioni artistico-culturali riguardanti l'area nella quale vi trovate, coperta dal servizio 2727; naturalmente dovete essere collegati alla rete GSM Omnitel

Dove - Il 2727 di Omni Arte, a Roma, è funzionante nelle seguenti piazze:
- Colosseo,
- Piazza Venezia,
- Piazza di Spagna,
- Piazza Navona,
- Piazza di Trevi,
- Piazza San Pietro,
- San Giovanni in Laterano,
- Santa Maria in Trastevere.

Le Piazze Omni Arte sono indicate nella cartina adiacente col simbolo 2727

Quanto costa (per i Clienti Omnitel) - La chiamata al numero 2727 non prevede nessuno scatto alla risposta. I primi 15 secondi di questo servizio sono gratuiti. Successivamente il costo della chiamata è di lire 1.000/Euro 0.516 (Iva inclusa), indipendentemente dalla durata della stessa (la durata massima di ciascuna chiamata, in ogni caso, è di 13 minuti)

Welcome - Omnitel welcomes you to Rome and invites to use its GSM cellular network; it will be pleasant and interesting to discover the most beautiful monuments and piazzas through the Omni Arte 2727 Service

Omni Arte 2727, your online guide - Omni Arte is an exclusive Omnitel Service, designed and dedicated to foreigners, which guides you in the discovery of the artistic places with a simple telephone call

How to access the Omni Arte Service - It's very easy to access the Omni Arte 2727 Service. You only need to dial the number 2727 dedicated to every Omnitel subscriber and every foreigner roaming on the Omnitel GSM network: a guiding voice will illustrate for you the artistic and cultural features of the principal monuments and piazzas of the area where you are

How to select the Omnitel network - Select Omnitel by bringing up the Select Network menu of your cellular telephone. Manually search the networks until Omnitel is found. "I Omnitel" or "110" or "Omnitel" will appear on your display. You are now in the world of Omnitel

Where the Omni Arte Service is available - You can find the Omni Arte 2727 Service pointed out with the symbol 2727, in the map

The cost of Omni Arte Service (for Foreigners Roaming on the Omnitel GSM network) - The first 15 seconds of the Omni Arte 2727 Service is completely free of charge. The cost of the call (maximum length 13 mins) is only lire 1.150/Euro 0.594 including VAT (this is the charge applied by Omnitel and it may vary depending on the home operator's rates)

Cher Vladimir,

J'espère que ce matériel te sera utile. J'ai cherché les endroits de la ville où le Pacte a été scellé, où nos quatre gamins ont commencé à suivre le chemin de Century. Tout ce que je t'ai envoyé est le fruit d'une longue recherche. La tâche que nous nous sommes assignée est ingrate et fastidieuse. Je te demande de veiller sur eux. Elettra est ma seule nièce. J'ai entendu l'appel. Et rien de plus. Le reste ne nous appartient pas, et ni toi ni moi ne saurons jamais comment le Pacte a décidé de communiquer avec eux.
Après tant d'années et tant de recherches, le moment est enfin venu.

Irène

2

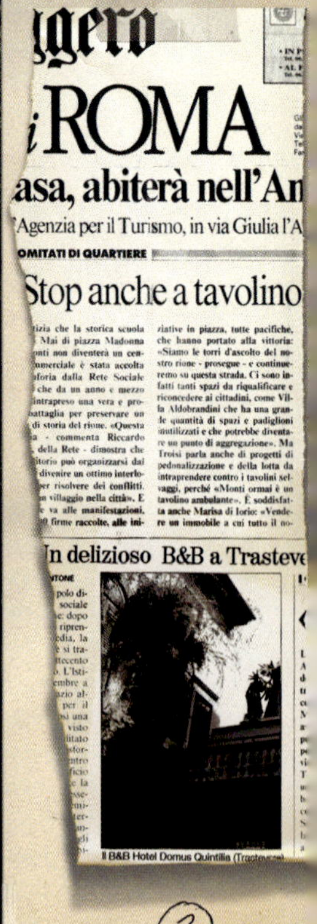

ggero

i ROMA

asa, abiterà nell'An

'Agenzia per il Turismo, in via Giulia l'A

OMITATI DI QUARTIERE

Stop anche a tavolino

tizia che la storica scuola Mai di piazza Madonna onti non diventerà un cen-mmerciale è stata accolta foria dalla Rete Sociale che da un anno e mezzo intrapreso una vera e pro-battaglia per preservare un di storia del rione. «Questa a - commenta Riccardo della Rete - dimostra che itorio può organizzarsi dal divenire un ottimo interlo-per risolvere dei conflitti. n villaggio nella città». E va alle manifestazioni, 0 firme raccolte, alle ini-ziative in piazza, tutte pacifiche, che hanno portato alla vittoria: «Siamo le torri d'ascolto del nostro rione - prosegue - e continueremo su questa strada. Ci sono infatti tanti spazi da riqualificare e riconcedere ai cittadini, come Villa Aldobrandini che ha una grande quantità di spazi e padiglioni inutilizzati e che potrebbe diventare un punto di aggregazione». Ma Troisi parla anche di progetti di pedonalizzazione e della lotta da intraprendere contro i tavolini selvaggi, perché «Monti ormai è un tavolino ambulante». È soddisfatta anche Marisa di Iorio: «Vendere un immobile a cui tutto il no-

In delizioso B&B a Trasteve

NTONE

polo di-sociale e: dopo ripren-edia, la e si tra-ttecento o. L'Isti-embre a azio al-per il si una visto litato stor-ntro ficio e la sse-nu-ter-n-di

Il B&B Hotel Domus Quintilia (Trastevere)

3

Domus Quintilia
Caffè Greco

Bibliothèque

…me du Dé

Professeur

San Clemente

④

ANTICO CAFFE' GRECO
SRL VIA CONDOTTI 86
ROMA
PART.IVA 06369221004
TELEFONO 06/6791700

	EURO
OPER. 4	
CAPPUCCINO	5,20
BEVANDE	4,20
TOTALE	9,40

N.PZ 2 CASS. 1
07-01-2004 17:10 SC. 195

MF AE 49401202

ARRIVEDERCI E GRAZIE

⑤

6

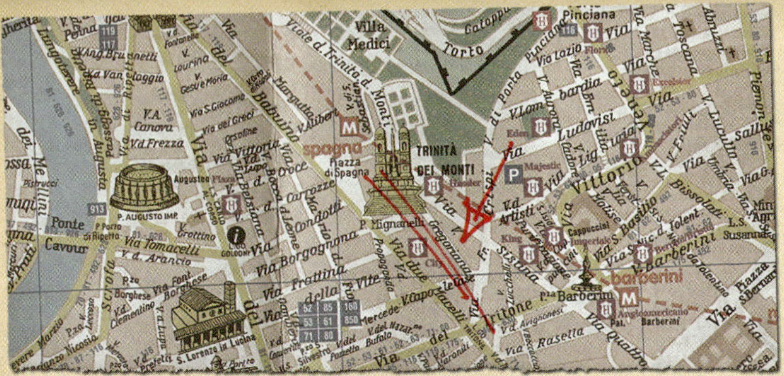
Villa Medici
TRINITÀ DEI MONTI
Piazza di Spagna
spagna
barberini
P.za Barberini
Via Gregoriana
Via Sistina
Via Tritone
Via Veneto
Ponte Cavour
P. AUGUSTO IMP.
Via Condotti
Via Frattina
Via Borgognona

7

BIBLIOTHECA HERTZIANA
MAX-PLANCK-INSTITUT FÜR KUNSTGESCHICHTE
BH
ROMA
Prof. Alfred Van Der Berger
Wissenschaftlicher Assistent/Assistente scientifico
8
MAX-PLANCK-GESELLSCHAFT
Via Gregoriana, 28
00187 Roma

9

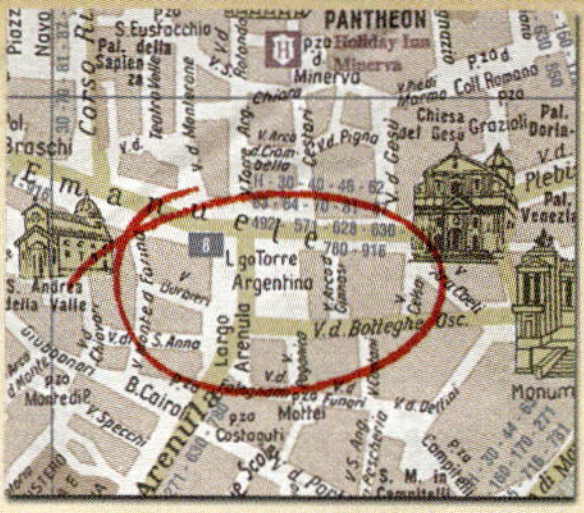
PANTHEON
Holiday Inn Minerva
S. Eustacchio
Largo Torre Argentina
V. d. Botteghe Osc.
Largo Arenula
S. Andrea della Valle
Pal. Braschi
Costaguti
Mattei
Monum

10

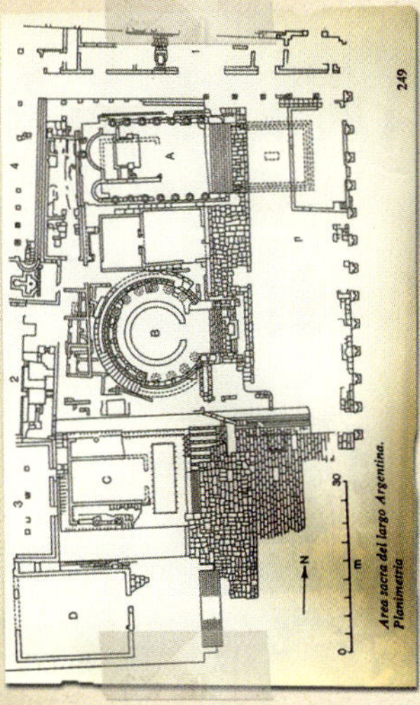
249
Area sacra del largo Argentina.
Planimetria

11

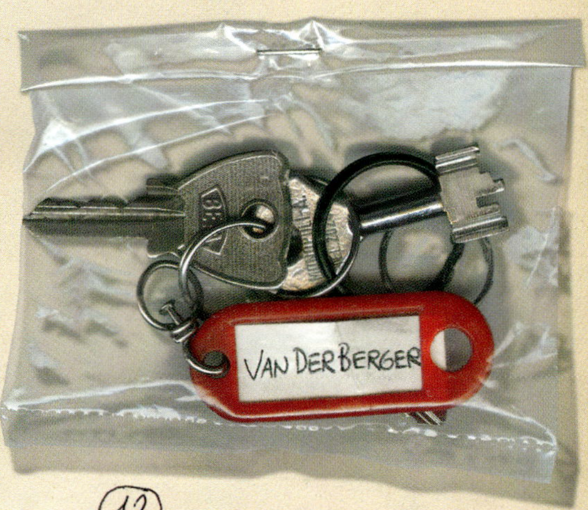
VAN DER BERGER

12

SOLO CASE
IL GELATO

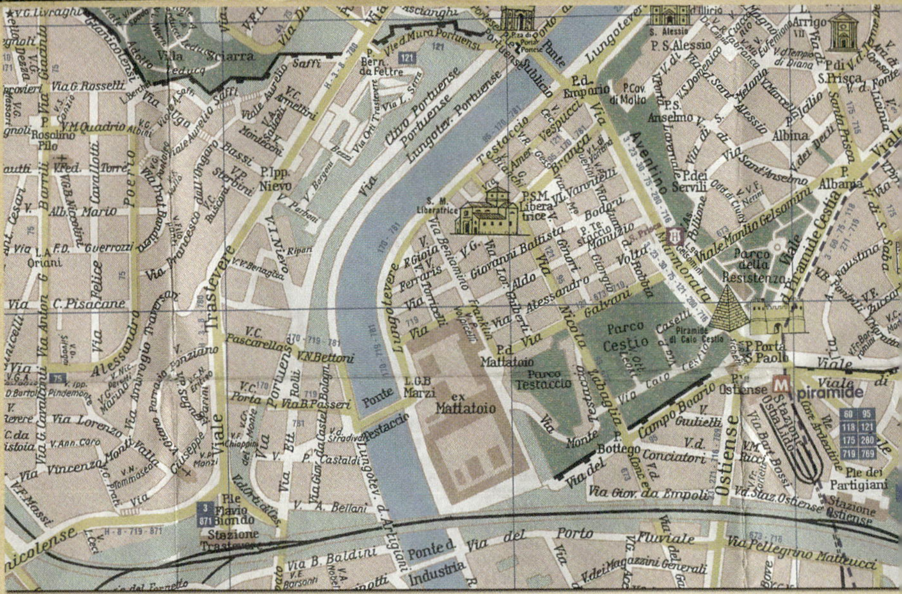

13

14

RIONE DEL TESTACCIO

15

Au royaume du Dé
V. della Gatta
…rofesseur
San Clemente

16

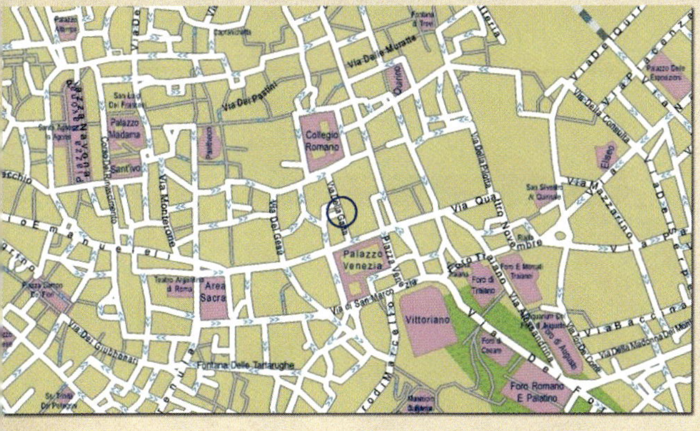

(17)

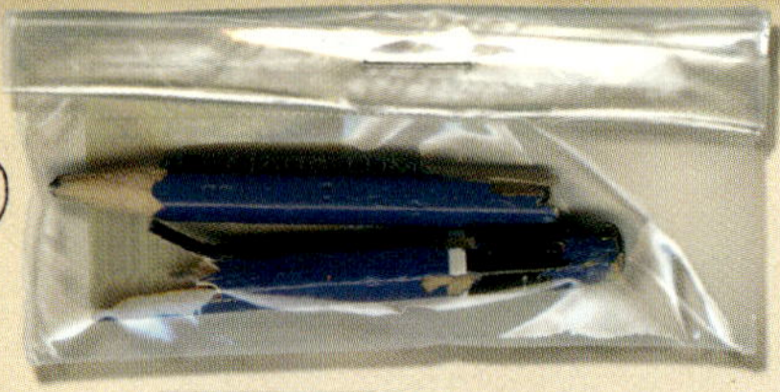

(18)

AN DER BERGER

(19)

(20)

PIREVM
Nonū Coelū
SATVRNI
IOVIS
MARTIS
SOLIS
VENERIS

(21)

22

23

Villa professeur Coppedè

San Clemente

24

26

(27)

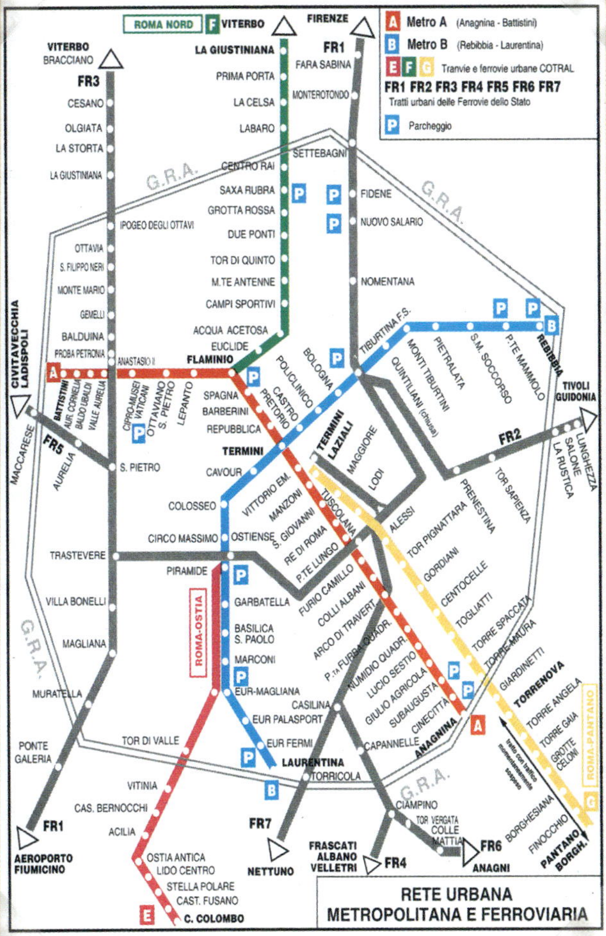

Sant' Eustachio il Caffè dal 1938

SANT' EUSTACCHIO
IL CAFFE' S.R.L.
P.ZA S.EUSTACCHIO 82 RM
P.I. 00936071000
TELEFONO 06/68802048

	EURO
CAPPUCCINO	1,30
PASTICCERA	0,90
PASTICCERA	0,90
TOTALE	**3,10**

(28)

05/09/2006 10-00
SCONTR. FISCALE 105
MF MR 42000670
ARRIVEDERCI E GRAZIE

TAXI N.
Data 5/9/06
Ore
PERCORSO
da
a
Importo corsa € 6,50
FIRMA

Cica Cica Boom
Gelateria artigianale
Via Liguria, 38 - tel. 06.4884745

(29)

San Clemente
Metropolitain

AVVERTENZE I titoli di viaggio BIT, BIG, CIS e BTI sono validi nel Comune di Roma sui mezzi del Sistema Metrebus con esclusione dei collegamenti speciali e della linea 110.

MFC-6387330
Vale come scontrino fiscale.

atac S.P.A.
muove la città

Cognome : Nome : Data di Nascita :

Il MULTIBIT (5 BIT) non è valido sui mezzi Trenitalia e Cotral. Il titolo deve essere convalidato all'inizio del viaggio. In caso di malfunzionamento dell'obliteratrice il viaggiatore dovrà annullare il titolo di viaggio apponendovi la data, l'ora ed il numero di vettura o la stazione sul retro. Il titolo di viaggio non è cedibile, deve essere conservato fino all'uscita delle stazioni o all'allontanamento dalla vettura, deve essere esibito ad ogni richiesta del personale di controllo. Il BIT è valido sino al termine della corsa, qualora l'ultima timbratura sia apposta entro 75 minuti da quella iniziale. Al viaggiatore sprovvisto di titolo di viaggio o con titolo di viaggio non valido sarà applicata la normativa vigente.

2 BIG Biglietto Integrato
Giornaliero
Metrebus Roma
P. IVA 06341981006
Euro 4,00
Vale fino alle ore 24.00

(31)

Da BUCATINO
taverna testaccio
TAVOLO RISERVATO

(30)

Name Reg. No. Corres. No. Case Book No.

INDEX

1	Carte de visite Hôtel Domus Quintilia	18	Petit bloc-notes trouvé dans les ruines	35
2	Photo entrée hôtel	19	Polaroïd (la maison du prof. Van Der Berger avant qu'elle s'écroule)	36
3	*Il Messaggero* coupure de la chronique de Rome	20	Interphone (sur l'étiquette on peut lire : *Prof. A. Van Der Berger*)	37
4	Intérieur du Caffè Greco	21	Fragment de notes du professeur	38
5	Ticket de caisse du Caffè Greco	22	Villa du quartier Coppedè (place Mincio)	39
6	Le prof. Van Der Berger dessiné par Mistral	23	Détail décoratif du quartier Coppedè	40
7	Une étrange fenêtre de la Bibliothèque Hertzienne	24	Portail d'entrée du quartier Coppedè	41
8	Ticket d'entrée de la bibliothèque	25	Vue de Rome par satellite (basilique de San Clemente)	42
9	Une salle de la bibliothèque	26	L'autel de Mitra dans la basilique de San Clemente	43
10	Aire sacrée de la place Argentina	27	Plan du métro	44
11	Clefs de la maison du prof. Van Der Berger	28	Ticket de caisse du Café Sant'Eustachio	45
12	Kiosque de la place Argentina	29	Reçu taxi	46
13	Ermete de Panfilis à bord de son side-car	30	Réservation restaurant au Bucatino	47
14	Au Royaume du Dé	31	Billets pour la journée métro et bus	48
15	La statue de la via della Gatta	32	Plan sur lequel le prof. Van Der Berger a délimité les zones privées d'électricité le 29 décembre	
16	Tarot trouvé dans la rue. Perdu par la bohémienne ?	33		
17	Crayons récupérés dans les ruines ayant peut-être appartenu au prof. Van Der Berger	34		

Les étoiles, les lumières dans le ciel veillent sur les hommes, et rivalisent d'éclat. Mais il n'y a qu'un destin, il n'y a qu'un chemin.

Alfred Van Der Berger

TOUT COMMENCERA
LE 29 DÉCEMBRE !
32

te mettre à pleurer, d'accord ? Parce que je hais les gens qui pleurent.

Il avance vers elle et ajoute :

– Et puis parce que tu n'as aucune raison de pleurer.

À l'autre bout du couloir, Elettra est allongée sur le sol, les yeux clos et lourds. Sheng, la bouche ouverte, est à deux doigts de ronfler. Harvey est paralysé sur le lit, la tête sous un coussin.

Le sol vibre dangereusement.

Elettra se raidit, comme si elle tombait dans le vide. Comme lorsqu'on perd soudain l'équilibre au milieu d'un rêve.

Elle ouvre les yeux.

Mistral est en train de parler.

– Que voulez-vous ? Nous n'avons rien fait de mal, dit-elle, en soutenant le regard de Mahler.

– Bien sûr que non. Mais je veux récupérer quelque chose.

Jacob Mahler scrute les murs et les colonnes de livres sans trahir la moindre surprise.

– Réponds juste à cette question : est-ce vous qui l'avez prise ?

– Quoi ? demande Mistral.

– Ma mallette.

– N-non.

– Non, parce que vous ne l'avez pas prise, ou non, parce que tu ne veux pas me répondre ?

Mistral regarde autour d'elle. Elle aperçoit Elettra et Sheng étendus sur le parquet de la chambre à coucher.

– Non, parce que ce n'est pas la vôtre.

Elettra ferme à nouveau les yeux.

– Très bien, alors..., siffle Jacob Mahler, en soulevant son violon.

– Non ! gémit Mistral. Pas la musique !

Et elle se remet les mains sur les oreilles.

– Où est ma mallette ? demande l'homme, en faisant deux autres pas dans l'appartement.

Elettra sent son corps vibrer.

Mais ce n'est pas elle qui tremble... C'est le sol.

Jacob Mahler a remarqué quelque chose d'étrange, et le ton de sa voix s'en trouve affecté.

– Écoute-moi..., dit-il. Je sais que tu l'as, que vous l'avez... Alors appelle tes amis à la rescousse et donnez-moi cette mallette.

Mistral secoue obstinément la tête.

– Comment une jeune fille aussi douce et sensible peut-elle se retrouver dans un endroit aussi laid ? poursuit Mahler. Qu'est-ce que tu es venue y faire, hein ? Moi, je crois que, si tes parents l'apprenaient, ils seraient très en colère.

– Je n'ai que ma mère... Et elle ne se met jamais en colère.

Mistral recule vers la salle à manger.

Jacob Mahler sourit pour masquer une fureur prête à exploser.

– Je te propose un pacte : tu me dis où est cachée ma mallette... et je te laisse retourner chez ta mère.

– Je n'ai pas la mallette.

– Et qui l'a, alors ?

– Néron, répond la jeune fille, en lançant à Jacob Mahler un regard de défi.

16
LE PLANCHER

Une vibration profonde secoue le plancher et fait dégringoler un tas de livres.

Elettra reprend brusquement conscience. Harvey est à côté d'elle, la main posée sur son épaule.

– Tu pèses combien ? murmure-t-il.

– Pourquoi ?

– J'ai compris ce que représentent les nombres sur la porte... Ce sont...

Une seconde secousse, plus forte que la première, lui fait perdre l'équilibre. Harvey s'affale sur Elettra. Les murs de l'appartement lancent un gémissement prolongé. D'autres livres tombent à terre.

– Au secours ! hurle Sheng, qui se réveille brusquement et réalise que le sol de la chambre est en train de s'incliner.

Dans le couloir, les murs de livres semblent gonfler comme des voiles. Un son horrible ponctué de plaintes métalliques rampe sous le plancher.

– C'est un piège ! dit Harvey. La deuxième colonne indique le poids du professeur. Et la première, celui que le parquet de l'appartement peut encore supporter.

Une troisième secousse.

– Combien ? demande Elettra, en écarquillant les yeux.

– 137 kilos, répond Harvey, en l'aidant à se redresser.

– Hé, Mahler ! s'exclame Little Linch, encore étourdi par la musique. Qu'est-ce qui se passe, ici ?

Il distingue les cheveux blancs du tueur dans l'appartement et s'avance vers lui.

– Bon sang ! C'est quoi, ces feuilles qui volettent partout ? grommelle-t-il.

Mahler l'aperçoit au moment où il franchit le seuil et crie :

– Arrête-toi !

– Quoi ? maugrée Little Linch, l'air surpris.

Il fait encore un pas. Un gouffre s'ouvre soudain sous ses pieds.

– Hé ! réussit-il à dire avant d'être englouti dans un nuage de poussière.

La crevasse se propage le long du couloir. Des montagnes de livres s'effondrent, tels d'énormes dominos.

– Tout s'écroule ! hurle Mistral.

Dans la chambre à coucher, Elettra se serre contre Harvey.

– Les cercles rouges ! s'écrie-t-il. Par terre... Trouves-en un ! Sheng ! Mistral ! Les cercles rouges !

Le plancher du couloir se cabre en grondant, puis disparaît en se brisant dans un nuage de poussière. Les murs s'inclinent, les tuyaux explosent et libèrent des cascades d'eau, les carreaux se pulvérisent comme du sable.

Elettra reste contre Harvey. Le bruit est assourdissant. Elle ne saurait dire où elle se trouve, si elle est immobile ou si elle tombe. Il y a seulement de la poussière. Puis elle entend un cri, qu'elle attribue à Mistral.

Elle essaye de se détacher d'Harvey, mais son bras l'en empêche, il la tient serrée et la protège. Elle sent la joue d'Harvey près de la sienne. Et sa voix qui lui murmure : « Tout va bien. Tout va bien... » tandis qu'autour d'eux le monde est en train de s'effondrer.

Ils s'agenouillent, puis s'assoient. Ils attendent. Ils entendent maintenant le bruit de l'eau qui coule. Ils voient des lumières clignotantes. Il y a Sheng qui tousse. Son sac se détache un instant d'un nuage de poussière.

Elettra tente de bouger les jambes. Elle se rend compte peu à peu qu'elle se trouve sur une sorte de radeau suspendu dans le vide. Et que Sheng est lui aussi en équilibre sur un fragment de carrelage demeuré intact.

Et Mistral ?

Elettra ferme les yeux.

Ses jambes oscillent dans le vide comme celles d'un funambule.

Assise dans sa voiture, Béatrice voit la porte de l'immeuble fuser au milieu de la rue comme un bouchon de champagne, suivie par un nuage de poussière. Elle éteint l'autoradio, ouvre la portière et se précipite à l'extérieur.

Elle entend alors le bruit. Un grondement à la fois profond et retentissant qui s'échappe des vieux murs du bâtiment.

Elle voit des gens accoudés aux fenêtres. Elle entend claquer les portes, puis les premiers cris :

– Un tremblement de terre !

Mais ce n'est pas un tremblement de terre.

Béatrice porte les mains à sa bouche.

– L'immeuble s'écroule !

Elle a juste le temps de finir sa phrase. L'immeuble s'incline vers l'arrière, se tasse, se replie sur lui-même comme un carton de lait prêt à être jeté à la poubelle.

Béatrice se protège derrière la portière de sa voiture. Les clignotants brillent dans la poussière.

Les gens jaillissent des immeubles voisins. Certains s'enfuient en hurlant. D'autres s'arrêtent pour voir.

Un homme marche tranquillement vers elle.

– C'est impossible..., murmure Béatrice.

Elle vient de reconnaître Jacob Mahler.

Il est recouvert de poussière de la tête aux pieds. Ses habits sont de la même couleur que ses cheveux, mais il marche, imperturbable, comme s'il ne s'était rien passé. Il tient d'une main son violon et traîne de l'autre une gamine.

Béatrice a l'impression de voir un fantôme.

– Allons-nous-en, dit-il en poussant la fille à l'intérieur du véhicule.

Son visage est un masque de terre.

Béatrice enclenche la marche arrière et démarre en faisant crisser les pneus. La voiture touche le trottoir. La jeune femme passe la première, manœuvre avec nervosité, klaxonne, et évite un couple planté au milieu de la rue.

– Où est Little Linch ? demande-t-elle.

– Il est mort, dit Mahler.

– Comment c'est arrivé ?

On entend au loin les premières sirènes.

– Il mangeait trop, répond le tueur avec une grimace.

17
LE LIT

Elettra ouvre les yeux. Elle est étendue sur un matelas, la tête enfoncée dans un coussin. Au-dessus d'elle, il y a un autre lit en guise de plafond.

Elle bat des paupières. Elle reconnaît les meubles plongés dans l'obscurité, les lits superposés.

Elle entend les respirations de Sheng et de Harvey qui dorment près d'elle.

C'est la nuit.

Mais de quel jour ?

Elle essaye de bouger les bras. Puis les jambes. Elle s'assoit, tout endolorie. Elle se tâte le visage. Elle a un pansement au niveau de la tempe.

Ce n'était pas un rêve.

– Elettra ? murmure alors la voix de son père.

La jeune fille ne l'avait pas remarqué, assis au pied du lit. Ombre parmi les ombres.

Fernando s'approche, comme pour l'embrasser.

– Elettra, ma fille... Mais qu'est-ce que vous avez trafiqué ?

Il se contente de la regarder tout près du lit.

– Eh bien, c'est du propre...

– Papa...

Elettra a la gorge sèche.

– Quelle heure est-il ? Comment... Comment je suis arrivée jusqu'ici ?

La porte s'entrouvre sur tante Linda.

– Elettra ! s'exclame-t-elle.

Puis elle se met la main devant la bouche pour ne pas réveiller les autres enfants.

– Béni soit le ciel ! Tu vas bien !

Tante Linda s'approche et embrasse affectueusement sa nièce.

– Tu es vraiment folle ! Et tes amis aussi !

– Tata, de quoi tu parles ?

Linda lui prend le visage entre les mains et lui serre fortement les joues.

– C'était vraiment idiot !

– Papa... Tata... je ne sais pas quoi vous dire : je ne me souviens plus de rien.

Mais Elettra se souvient du sol qui s'effondre, du nuage de poussière et des lumières qui dansent dans le noir.

– Ne t'inquiète pas : Harvey nous a déjà tout dit, chuchote Fernando, en indiquant l'autre lit. C'est lui qui t'a ramenée à la maison. Tu étais évanouie.

– C'est Harvey qui m'a ramenée à la maison, répète-t-elle.

Tante Linda joint les mains et les agite tout près de son nez.

– Quelle idée d'aller jouer dans un chantier ! Et en hiver en plus !

Elettra secoue lentement la tête, essayant de comprendre ce qu'a bien pu raconter Harvey.

– Dans un chantier ?

Fernando arrête tante Linda d'un geste patient de la main.

– On sait tout. Harvey nous a expliqué que vous êtes allés là-bas juste pour regarder les grues, mais...

– Avec tout ce qu'il y a à voir à Rome ! s'exclame tante Linda, abasourdie. Comment peut-on s'intéresser à des grues ?

– En pleine nuit, tu aurais dû faire plus attention où tu mettais les pieds, poursuit Fernando.

– Oui, tu ne serais pas tombée dans une bouche d'égout ! soupire sa tante avec insistance.

Son père lui caresse le front.

– Tu t'es cogné la tête et tu t'es évanouie.

La jeune fille acquiesce, impressionnée par la présence d'esprit d'Harvey. Elle est également persuadée que son père n'en croit pas un mot : il insiste uniquement pour éviter qu'elle se trahisse devant Linda.

– Sheng s'est blessé lui aussi, intervient tante Linda. Je lui ai fait un bandage serré au bras, mais demain, par précaution, je vous emmène tous les trois aux urgences. Et que l'on soit le dernier jour de l'année ne change rien à l'affaire.

– Quelle heure est-il ? demande de nouveau Elettra à son père.

– Pas loin de deux heures.

– C'était un piège, murmure Elettra pour elle-même.

– Ce n'était pas un piège, lui répond Fernando à voix basse pour que tante Linda ne l'entende pas. Vous vous êtes mis dans le pétrin et vous vous en êtes plutôt bien tirés.

Elettra regarde son père en essayant de deviner ce qu'il sait vraiment.

– Papa, nous...

– Nous n'avons bien sûr rien dit ni aux parents d'Harvey ni au père de Sheng, révèle-t-il. Mais...

– Mais demain nous aurons droit à une petite explication, l'interrompt tante Linda. Et ne crois pas que tu vas t'en tirer facilement. Les autres avaient confiance en toi.

Une pensée frappe alors Elettra.

– Et Mistral?

Fernando Melodia se raidit.

– Je crois qu'elle a rejoint sa mère, répond tante Linda à sa place.

Fernando hoche la tête.

– Selon Harvey, elle a pris un taxi pour se rendre à la gare...

– Et dire qu'elles ont encore tous leurs bagages ici, se plaint tante Linda.

Elettra observe le corps d'Harvey plongé dans la pénombre. Elle lui est reconnaissante pour l'habileté avec laquelle il a protégé leur secret.

– Allez, dors. On verra tout ça demain, OK? lui suggère son père.

Elettra repense à Mistral et sent les larmes lui picoter les yeux.

– On n'aurait jamais dû aller là-bas, murmure-t-elle.

Sa tante lui presse une main sur le front.

– Repose-toi, maintenant...

Elettra se laisse glisser dans le sommeil. Elle entend la porte de la chambre se refermer sur la voix de son père :

– Ils s'en sont bien tirés.

Harvey écarquille les yeux. Il est en sueur. Il a le souffle court et il est entortillé dans ses couvertures. Sa montre lui cisaille le poignet. Il la consulte. Il est six heures.

– Le lit n'est pas en train de tomber, dit-il pour se rassurer. Ce n'était qu'un rêve.

Il se libère doucement du drap et des couvertures pour ne pas réveiller les autres. Ses jambes sont tout écorchées. Il pose un pied sur le carrelage froid. Il a besoin de sentir quelque chose de solide.

Dès qu'il ferme les yeux, il voit des pages de livres qui s'envolent. Des feuilles brûlées qui tourbillonnent vers les hauteurs. Et une mer de poussière. Il voit Elettra évanouie, avec les jambes dans le vide, et Sheng agrippé à son sac comme à un parachute.

Il voit ce qui reste du carrelage du quatrième étage et l'escalier qu'ils ont descendu avec Sheng en portant Elettra sur leurs épaules. Il voit la lumière clignotante des pompiers et leur camion rouge, aux longues échelles d'aluminium.

Il se souvient. Ils sont sortis de l'immeuble sans que personne les remarque. Harvey a allongé Elettra sur le sol, puis est retourné à l'intérieur.

– Où vas-tu ? lui a demandé Sheng.

– Chercher Mistral. Il y a encore une fille dans l'immeuble ! a-t-il crié ensuite.

– Nous allons la chercher, lui a répondu un pompier en s'agrippant à son échelle extensible, tel un gecko.

D'autres hommes sont rentrés par ce qui restait de la porte du hall, armés de haches.

– Vous avez vu sortir une jeune fille ? a demandé Harvey aux gens qui s'amassaient dans la rue.

Mais personne n'a fait attention à lui, ils étaient trop occupés à contempler le spectacle des pompiers.

– Vous avez vu sortir une jeune fille ? a répété Harvey à tous ceux qu'ils croisaient.

Jusqu'à ce qu'une femme lui réponde :

– Une adolescente avec les cheveux raides, châtain clair ? Je l'ai vue partir avec son grand-père. Un homme aux cheveux blancs. Il avait un violon... C'est bien ça ?

Harvey a acquiescé.

C'était bien ça.

Harvey se lève, prend quelque chose dans la table de nuit et se rend dans la salle de bains.

Il allume les lumières du miroir et scrute un long moment son visage.

Il a les yeux d'un vieillard.

Puis il baisse le regard sur le carnet de Mistral.

Il tourne lentement les pages jusqu'au dernier dessin : eux quatre dans la chambre du professeur.

– Harvey ? chuchote une voix derrière lui.

Le garçon voit le reflet d'Elettra dans le miroir.

– Tu ne dors pas ? lui demande-t-il en refermant le carnet.

– Je n'ai plus sommeil. Comment tu vas ?

– J'ai juste quelques égratignures.

– Merci de m'avoir ramenée ici.

– Tu ne voulais tout de même pas que je te laisse là-bas ?

– Non, mais... Je voulais dire...

Harvey se retourne. Il tient le carnet dans son dos, le glisse dans son boxer.

– Ce n'était pas très difficile. Tu es légère. Heureusement... Sinon, le plancher se serait écroulé plus tôt.

– J'ai parlé avec mon père. Il m'a raconté ta version des faits.

– Ce n'est pas ma version : je ne suis pas doué pour trouver des excuses. C'est Sheng.

– Il va bien ?

– Il a mal à un bras.

Elettra hésite quelques secondes avant de poser la dernière question :

– Et Mistral ? Tu l'as retrouvée ?

– Non.

– Tu crois qu'elle... est...

– Non. Une femme l'a vue s'éloigner avec l'homme au violon.

Elettra se mord les lèvres.

– Vivante ?

– Évidemment.

Ils sortent de la chambre et traversent le couloir pieds nus. Ils arrivent à la salle à manger, d'où provient la lueur ténue d'un téléviseur allumé. Le père d'Elettra s'est endormi sur le canapé.

C'est l'heure du journal télévisé du matin.

– Regarde, murmure Harvey en voyant apparaître les images d'un immeuble éventré. C'est nous.

Un hélicoptère retransmet la scène : autour de l'immeuble effondré dansent des lumières, des grues et des extincteurs. Le passager de l'appareil énonce d'un ton animé les rares informations qu'il possède :

– Un vieil immeuble fatigué... une fuite de gaz... un effondrement de la structure... des milliers de livres...

Elettra et Harvey s'approchent pour entendre un peu mieux.

– On ne sait pas vraiment combien de personnes logeaient dans ce bâtiment en dehors du professeur Alfred Van Der Berger. Il vivait dans l'appartement qui a provoqué l'effondrement. Les secours n'ont trouvé aucun...

– Aucune trace de Mistral, soupire Elettra, en reprenant confiance.

– Je te l'ai dit : cet homme l'a enlevée.

– Elle est vivante, Harvey, murmure Elettra. Et elle est à Rome avec lui.

Harvey montre les notes que Mistral a consignées dans son carnet.

– Personne ne croira tout ça !

– Cherchons-la nous-mêmes, suggère Elettra.

– Et comment ?

– En demandant de l'aide.

– À qui ?

– À la seule personne qui peut croire ce qui nous est arrivé...

Elettra consulte sur le carnet une des dernières notes de Mistral. Puis la fait lire à Harvey.

Allongé dans son lit, Sheng sait très bien qu'il est en train de rêver. Ce rêve lui fait peur, mais il ne peut pas se réveiller. Il est contraint de le vivre en spectateur captif.

Il marche dans la jungle avec Harvey et Elettra. Il fait très chaud, et le silence est total. Aucun insecte, aucun oiseau. Une jungle morte. Des monuments romains émergent par endroits : un palais, une colonne, un obélisque, comme si la forêt avait poussé sur la ville. Puis la végétation tropicale laisse place à une étendue de sable fin, très blanche, qui crisse sous les pieds.

Au-delà d'un étroit bras de mer bleue et limpide flotte une petite île recouverte d'algues.

Ils plongent entre les vagues.

Aucun son.

Une femme les attend sur l'île. Un masque recouvre son visage et elle porte une robe moulante sur laquelle sont dessinés tous les animaux du monde.

Harvey sort le premier de l'eau et s'agenouille devant la femme.

Elettra le suit, mais reste debout.

Sheng ne sort pas de l'eau. Il est effrayé. La femme les fixe, immobile, sur la plage couverte d'algues. Puis elle lève sa main droite, la glisse sous sa robe et en tire une vieille toupie en bois qu'elle tend au jeune Chinois.

À cet instant précis, Sheng ouvre les yeux.

– Calme-toi, lui dit Harvey, la main posée sur son épaule. Ce n'était qu'un cauchemar.

Les images de son rêve rebondissent dans sa tête : la jungle, la plage, l'île, la femme, la toupie...

– J'ai rêvé de la toupie ! s'exclame-t-il. Il faut se servir de la carte !

– C'est ce qu'on avait prévu.

– Quelle heure est-il ?

– Tôt le matin. Tu te sens comment ? s'informe Harvey.

– J'ai un peu mal au bras... mais ce n'est rien. J'ai rêvé de vous. Il y avait une sorte de jungle qui recouvrait la ville.

Elettra lui fait signe de se taire.

– Tu nous raconteras ton rêve plus tard, si tu veux bien. Là, on est pressés. On doit partir avant sept heures récupérer Mistral.

– Et comment ?

– Tu viens avec nous ? demande Elettra.

Comme tous les matins, Linda Melodia ouvre les yeux à sept heures pile. Elle se glisse à regret hors des draps et cherche du bout des doigts ses pantoufles tyroliennes.

– Quelle heure est-il ? lui demande sa sœur, en la voyant sortir de la salle de bains.

Linda grommelle quelque chose en enfilant un T-shirt, un pull à fleurs et un pantalon crème.

Irène a la tête enfoncée dans l'oreiller.

– Tout va bien ?

Sa sœur se place devant la fenêtre pour faire quelques exercices de respiration.

– Pas vraiment. Avec l'histoire des gamins, je n'ai pas dormi de la nuit. Si tu les avais vus arriver sales, et entièrement recouverts de poussière !

Irène ricane.

– Tu exagères. Ils devaient juste être un peu barbouillés...

– Je n'exagère pas du tout. J'ai même un moment pensé qu'Elettra... Mais oublions ça, c'est préférable.

– Ce sont des gamins, Linda.

– J'ai été une gamine moi aussi ! Mais je ne m'introduisais pas sur un chantier au péril de ma vie pour voir une grue. Ou je me trompe ? Tu faisais quoi, toi, à leur âge ?

– Moi ? J'essayais de sauver le monde.

Linda lève les yeux au ciel.

– Ah oui, c'est vrai ! Comment ai-je pu l'oublier ?

Elle l'embrasse sur le front.

– Si tu n'as pas besoin de moi, je descends préparer les tables pour le petit déjeuner.

– Tu peux me passer le téléphone, s'il te plaît ?

– Et tu veux appeler qui à sept heures du matin ?

– Mon amour secret.

Linda sort de la chambre en souriant. Elle descend les escaliers silencieux de la Domus Quintilia et se rend à la salle à manger, où elle enfourne une dizaine de croissants à la crème et un gâteau aux noix et au chocolat.

Elle repense aux amours secrets de sa sœur. Et aux siens. Quelques images estompées lui reviennent en mémoire : les devoirs de vacances à la plage, qu'Irène contrôlait de A à Z avant de la laisser sortir. Elle se souvient des courses dans le sable avec ses petites chaussures en toile et ses rubans de couleurs dans les cheveux, des promenades en barque et... de ce gamin qui plongeait des rochers en lui lançant des regards passionnés.

« Bon sang, pense Linda, en enfournant un plat de biscuits aux figues, je ne me souviens même plus de son nom. »

Par contre, elle se rappelle parfaitement bien Irène. Elle marchait encore et son visage était moins ridé, ses yeux plus brillants... mais elle passait son temps à lire des livres, et ses cheveux étaient déjà blancs sous le soleil.

La machine à café crache de la vapeur pour faire mousser le lait. Linda saupoudre de cacao son cappuccino, puis savoure son petit déjeuner, avant que les autres se réveillent. Un peu plus loin, Fernando ronfle sur le canapé, devant la télévision allumée. Dans un moment, il va se lever d'un bond, regarder l'heure et lui demander de préparer un double café serré, qu'il avalera d'une traite.

Linda quitte la salle à manger avec une moustache de lait et franchit le couloir qui conduit à la chambre d'Elettra.

Elle s'immobilise et apprécie le silence.

« Bien, songe-t-elle en se grattant le nez. Ils dorment. Mieux vaut ne pas les réveiller. »

18
LE MESSAGER

– J'arrive ! J'arrive ! grommelle Ermete de Panfilis.

Il se traîne jusqu'à la porte de sa boutique à Testaccio. Jette au passage un coup d'œil à la pendule.

Même pas huit heures !

Qui peut être là aussi tôt ?

« Qui que ce soit, c'est certainement ma faute », pense-t-il en traversant le salon-garage.

Sa mère le lui a répété mille fois : quand on vit et travaille au même endroit, on finit par travailler tout le temps.

La sonnette retentit pour la énième fois, et c'est la goutte d'eau qui fait déborder le vase.

– Mais enfin ! hurle-t-il. Je suis en train d'ouvrir !

Il passe devant son side-car à peine remonté, puis s'immobilise.

Où est la porte ?

Il regarde autour de lui avec l'étrange impression que quelqu'un l'a déplacée. Il éprouve une sensation désagréable, typique des petits matins : le monde d'« avant onze heures », qu'Ermete aimerait effacer pour toujours.

Un monde que sa mère n'oublie jamais de lui rappeler, en lui téléphonant tous les dimanches matin à sept heures trente.

C'est d'ailleurs peut-être elle qui attend de l'autre côté de cette porte qu'il n'a toujours pas trouvée. Il n'y aurait rien d'étonnant à la voir débarquer, impeccablement habillée et maquillée, remontée à bloc histoire de bien l'énerver, avec une flopée de malheurs à lui faire partager.

Enfin la porte.

Avant de l'atteindre, Ermete de Panfilis se gratte le bas du dos.

Doit-il vraiment ouvrir ?

On ne voit rien à travers le judas. Mais il n'a peut-être pas regardé *exactement* à travers.

Il fait glisser le verrou en soupirant et essaye d'arranger ses cheveux, raides comme les piquants d'un hérisson.

– Voilà..., soupire-t-il, en ouvrant la porte.

Une rafale glacée lui rappelle qu'il est en peignoir.

Il n'y a personne.

Ermete est ingénieur en électronique, comme l'a voulu sa mère. Qui en est fière lorsqu'elle joue aux cartes avec ses amies. Quant à lui, il peut ainsi avoir un appartement loin d'elle et assouvir ses passions, la radio, les vieilles motos, l'archéologie et ses marottes : les mystères, les figurines porcines, les bandes dessinées et, naturellement, les jeux de société.

– C'est quoi, cette plaisanterie ? s'exclame l'ingénieur-radio-amateur-archéologue-bédéiste-maître des jeux sur le seuil de sa maison. Qui est là ?

La rue est déserte. Tout comme le jardin de sa petite maison. L'enseigne de sa boutique, Le Royaume du Dé, est bien éteinte.

– C'est vous le propriétaire ? demande Elettra.

Ermete baisse alors la tête et aperçoit trois adolescents : une fille aux cheveux noirs évoquant les tentacules d'une pieuvre, un échalas et un Chinois au bras bandé.

– Et vous, vous êtes qui ?

– On aimerait bien entrer si ça ne vous dérange pas.

– Pourquoi ça ?

– Pour la carte, explique la gamine.

– Quelle carte ?

Ermete passe rapidement en revue les évènements des derniers jours.

– Celle du professeur Van Der Berger, précise Harvey.

Le cœur d'Ermete saute un battement.

– Qu'est-ce que vous avez à voir avec le professeur Van Der Berger ?

– Il nous a demandé de garder la carte jusqu'à ce qu'il revienne la prendre, dit Sheng, en tendant un sac sale et déchiré.

– Et pourquoi n'est-il pas venu l'apporter lui-même ? s'étonne Ermete.

– Parce qu'il est mort, s'écrie Elettra. Ce sont eux, ils l'ont tué il y a deux jours le long du Tibre.

– Hier soir ils ont essayé de nous éliminer nous aussi, ajoute Harvey.

– Et ils ont enlevé notre amie Mistral.

– On peut entrer, maintenant ?

Ermete est sonné par cette avalanche d'informations.

– Expliquez-vous mieux, bredouille-t-il, en laissant passer les trois gamins. Hier, au téléphone...

– C'est moi qui ai répondu, explique Sheng.

– Mais... pourquoi ?

L'homme se gratte la tête. Il ferme la porte derrière lui et serre la ceinture de son peignoir, le visage marqué par l'étonnement.

Ermete est plutôt perspicace, même si son allure fait penser le contraire. Il est maigre avec les épaules en avant et un petit ventre. Les pommettes saillantes et les yeux bleus, souvent embrumés de sommeil. Plus de barbe que de cheveux, tout aussi en désordre que les objets décorant son appartement.

Le Royaume du Dé est un mélange de cave, de bar et de garage. Des motos désossées, alignées contre des bouts de carrosseries en acier émaillé, du matériel de bureau, des pneumatiques, des vis, des dés et des boulons font face à une série de tables en plastique avec des plateaux de jeu, d'autres dés et des jetons. Derrière une porte en verre, on devine les enchevêtrements de câbles d'un émetteur-récepteur radio avec de longues antennes installées sur la terrasse.

– On a décidé de tout vous raconter, lance Elettra. Mais je vous avertis : ça va prendre du temps.

L'estomac d'Ermete gargouille.

– Ça ne vous dérange pas qu'on fasse ça à la cuisine ? propose-t-il. Je dois avoir une tonne de cornflakes à terminer.

La cuisine est pleine d'assiettes en plastique empilées. Un gigantesque poster de *King Kong* trône au-dessus de l'évier et quatre têtes noires du Dark Vador de *Star Wars* font office de nappe.

Les gamins se gavent de corn-flakes tout en narrant leurs aventures.

Sheng étale le contenu de son sac sur la table : la carte en bois, la dent, les toupies, les feuilles récupérées à la bibliothèque, le carnet du professeur et celui de Mistral, le livre grec *Koré Kosmou* et celui de Sénèque *Sur les comètes*.

– *Eux*... Ils sont arrivés juste quand nous avons trouvé ce livre, murmure Harvey. Ils étaient deux : un petit gros et un grand maigre, habillé en noir, avec un violon.

Ermete cligne des paupières.

– Comment ça, avec un violon ?

– Il l'utilise comme arme hypnotique, précise Elettra. C'est quasiment impossible de rester réveillé.

L'homme se gratte la barbe, l'air pensif.

– Fascinant...

– Le gros est mort, dit Sheng.

– Oui, et vous l'avez tué avec... je ne sais pas, moi... un trombone lance-flammes, peut-être ? ricane Ermete.

– Il est mort quand l'appartement du professeur s'est écroulé.

– Comment ça, écroulé ?

– Harvey dit que c'était un piège. Il croit que le professeur avait calculé précisément son poids et celui des livres qu'il avait accumulés dans son appartement et qu'il les avait agencés de manière à ce qu'un intrus déclenche un effondrement.

Au fur et à mesure que les gamins s'épanchent, l'inquiétude gagne le visage d'Ermete.

– Nous sommes donc tous maintenant en danger, conclut-il, une fois l'histoire terminée.

– C'est probable, confirme Sheng.

– Et dire que je ne le croyais pas ! s'écrie Ermete. Il suspectait tout le monde et, plus notre recherche avançait, plus il était convaincu d'être suivi. D'être épié. Par des gens qui voulaient s'emparer... de cette carte.

Ermete indique l'étrange objet en bois que Sheng tient jalousement entre ses mains.

– L'homme au violon voulait la mallette du professeur. Et il savait que nous l'avions.

– Vous connaissez l'utilité de toutes ces choses ? interroge Elettra.

– Et pourquoi *eux* les veulent à tout prix ? ajoute Sheng.

– Je crois que oui, répond Ermete, énigmatique.

– Ce qui nous intéresse avant tout, c'est de retrouver Mistral, précise Harvey. Et on a pensé que l'on pourrait échanger la mallette contre notre amie.

– Mais on aimerait quand même en savoir plus sur son contenu avant de s'en débarrasser.

L'ingénieur tambourine nerveusement sur la table du bout des doigts.

– Vous n'imaginez pas le temps qu'Alfred a passé à étudier cette carte.

– Pourquoi est-elle si importante ?

– Parce qu'elle permet de trouver l'Anneau de Feu, répond Ermete.

– Il appartenait à Néron, c'est ça ? demande Elettra.

– Oh non, réplique Ermete. L'Anneau de Feu a été peut-être entre les mains de Néron, mais il est beaucoup plus ancien que les Romains, les pythagoriciens, les philosophes grecs. Plus que les pyramides, même. Le professeur en avait déduit qu'il s'agissait d'un secret gardé depuis plusieurs milliers d'années, transmis oralement de maître à disciples.

Elettra montre le plan de Rome avec les cercles rouges.

– Alors on dirait bien qu'il l'avait localisé en ville.

Ermete étudie un instant le plan. Puis il invite Sheng à ouvrir la carte en bois et explique aux gamins que les quartiers marqués d'un cercle sont placés de la même manière que les étoiles gravées au centre, autour de la silhouette féminine.

– C'est la Grande Ourse.

L'air ébahi, ils regardent l'objet rectangulaire avec ses incisions énigmatiques.

– Vous savez lire ça ? demande Elettra en indiquant à Ermete les caractères grecs tout autour de la carte en bois.

Ermete se lève.

– « On ne parvient pas à un si grand secret par une seule voie », répond-il en disparaissant dans une autre pièce.

Il revient un instant plus tard avec un gros volume de photographies.

– Mais ne vous laissez pas abuser par cette phrase, car je pense qu'elle a été gravée bien après la création de la carte.

Il pose le livre sur la table, l'ouvre et attire l'attention des gamins sur une tour pyramidale au sommet de laquelle brûle un grand feu.

– L'heure est maintenant venue de vous dire tout ce que je sais. La première fois que le professeur me fit voir la carte, il pensait qu'il s'agissait d'un ancien jeu. Une sorte de plateau semblable à celui que les Égyptiens utilisaient pour jouer au senet[1]. Mais il était dubitatif et moi encore plus. Cette carte est constituée d'éléments clairement disparates et originaires de différentes époques. Les traces qui se sont accumulées au fil du temps témoignent que chacun de ses propriétaires l'a actualisée, ou simplement... signée. La phrase gravée sur le côté appartient à l'époque où la carte se trouvait en Grèce. Au temps de Socrate et de Platon. Vous avez déjà entendu parler d'eux?

Les gamins acquiescent.

– Un peu...

– C'étaient de grands philosophes.

– Comme Sénèque? hasarde Sheng.

– Exactement. Mais plus anciens. Si vous observez la carte sur sa face externe, poursuit Ermete, vous pouvez vous rendre compte qu'elle présente des chevilles en bois insérées comme des rapiéçages. Avec un bon appareil photo, j'ai découvert quelque chose de troublant... C'est une carte du ciel des Chaldéens!

Les gamins ne paraissent pas spécialement bouleversés par cette révélation.

1. Ancêtre du backgammon. (N.d.T.)

– Super, murmure Sheng comme s'il craignait de paraître stupide.

Ermete pose les mains sur le livre de photographies.

– J'imagine que vous ne connaissez rien des Chaldéens...

– Absolument rien, admet Elettra.

– Zéro, confirme Harvey.

– Je n'en ai jamais entendu parler, s'exclame Sheng, ragaillardi par la confession générale.

– Bon... Les Chaldéens habitaient la plus ancienne ville du monde, une ville appelée Ur. Et notez cette coïncidence : Rome en latin s'appelait *Ur-bs*.

– Uh ! fait Harvey, ironique. J'en ai des frissons.

– Les Chaldéens, explique Ermete en montrant les photos de vieilles ruines enlisées dans le sable, furent les premiers à scruter le ciel. Ils inventèrent l'astrologie, la science qui lie le destin des humains au déplacement des astres. Vous connaissez les signes du zodiaque ? De quel signe êtes-vous ?

– Poissons, lancent Elettra et Harvey d'une seule voix.

– Poissons, moi aussi, dit Sheng. Mais je suis de l'année du Singe.

Ermete en reste bouche bée, puis continue :

– Bon, eh bien ils ont été inventés par les Chaldéens. C'étaient de grands scientifiques et de grands religieux. Le culte iranien de Mitra, qui se propage à Rome surtout chez les légionnaires, découle de leurs connaissances astronomiques. Mitra était le dieu du Feu, du Soleil qui chaque nuit meurt et chaque matin renaît.

– On a lu quelque chose sur ce Mitra dans le carnet du professeur, s'écrie Elettra. Néron pensa un moment être devenu comme lui, le Soleil de la Terre.

– Mais ce n'était qu'une parodie présomptueuse, grommelle Ermete.

– On faisait la fête à Rome le 25 décembre, ajoute Harvey.

– Exact. Pour les Occidentaux, le 25 décembre est le jour de Noël. Mais, il y a longtemps, on fêtait la naissance de Jésus le 6 janvier, jour de l'Épiphanie. C'est un mot grec qui signifie « révélation ». C'est le jour de l'apogée, de la lumière, où se manifestent les trois souverains venus d'Orient...

– Les Rois mages, murmure Harvey.

– Encore exact, sourit Ermete. Et que savons-nous d'eux ? Qu'ils étaient trois, qu'ils portaient des cadeaux et qu'ils étaient arrivés en suivant...

– Une étoile filante, conclut Elettra.

– Hé ! Ça, je le savais aussi ! s'exclame Sheng, contrarié d'avoir été pris de court.

– Voilà pourquoi on pense que les Rois mages étaient des grands prêtres, dépositaires d'une tradition très ancienne et spécialistes du ciel.

Harvey se contorsionne sur son siège.

– Tu veux dire quelque chose ? lui demande Ermete.

– Sur la table de nuit du professeur, répond Harvey en indiquant le livre de Sénèque, il y avait un ouvrage sur les comètes...

– *Questions Naturelles – Sur les comètes*, lit Ermete.

– Tout ça est bien compliqué..., murmure Elettra.

– Certains de ceux qui étudient les étoiles croient que notre existence est liée aux déplacements des constellations, poursuit Ermete. Et qu'il existe des moments plus ou moins favorables pour entreprendre certaines choses. Selon le professeur, nous sommes à l'aube de l'un d'eux. Qui, d'après ses calculs, se présente une fois tous les cent ans.

– Nom d'un chien... Ça fait un bail.

– Oui. « Les temps sont mûrs », répétait Alfred ces dernières semaines.

– Quand il m'a donné la mallette, rappelle Elettra, il a dit : « C'est commencé. »

Ermete acquiesce :

– Il était obsédé par le temps et me mettait la pression pour découvrir comment fonctionnait la carte. Il disait que nous risquions de rater pour toujours l'instant propice. Il était hanté par les signes. Il soutenait que le commencement serait une simple coïncidence. Rien de plus.

Les paroles d'Ermete glissent dans l'air comme de l'huile.

Une coïncidence, rien de plus.

Comme quatre adolescents nés le 29 février, qui se retrouvent à Rome dans la même chambre.

○⊕⊙⊖

En milieu de matinée, Linda Melodia traverse à grands pas le couloir qui conduit à la chambre d'Elettra.

Elle frappe à la porte.

– Les enfants ? Il est dix heures et demie ! Il est peut-être temps de se lever, non ?

Aucune réponse.

– Les enfants ? insiste-t-elle en frappant plus fort.

Elle entrouvre la porte.

– Réveillez-vous, les dor...

La chambre est déserte.

Linda Melodia pénètre dans la chambre, l'air soucieux. Un message est posé sur le lit de sa nièce :

Nous sommes sortis faire un tour
Ne t'inquiète pas pour nous.
Tout va bien.
On se revoit ce soir.
Et bon jour de l'an !

Linda s'apprête à le froisser dans un accès de rage, mais elle se retient.

Elle bondit hors de la chambre à la recherche de Fernando et, dès qu'elle le trouve, le lui brandit sous le nez.

– C'est ta fille ! hurle-t-elle. Ce qui leur est arrivé hier ne lui a donc pas suffi ?

– Linda, calme-toi, murmure Fernando, qui essaye de lire le message.

– Un petit mot ! éclate-t-elle. Après tout ce qui s'est passé hier !

La mère d'Harvey s'approche et demande :

– Pourquoi ? Qu'est-ce qui s'est passé ?

Tante Linda s'apprête à répondre, mais Fernando réussit à glisser une phrase rassurante :

– Oh, rien de particulier... Ils ont fait un peu les fous dans les rues de Rome.

Il enfouit rapidement le message dans la poche de son pantalon.

– Et maintenant ils sont encore couchés ? insiste Mme Miller.

– Pas vraiment, rétorque Linda Melodia, en tapant nerveusement du pied.

– Ils sont où, alors ?

– À vrai dire... nous ne le savons pas, admet Fernando, s'affaissant sous le regard sévère de l'Américaine.

Il cherche un soutien du côté de Linda, qui le lui refuse aussitôt.

– Ils sont sortis de bonne heure ce matin.

Le visage de Mme Miller s'empourpre.

– Comment ça, *sortis* ?

– Pour faire un tour. Mais ils rentreront vite...

– Un tour, où ça ?

– Ah... hum... nous n'en savons rien.

– Mais c'est une honte ! gronde-t-elle. George !

Son mari s'approche. Il a le nez poudré de sucre glace.

– Harvey n'est pas là ! lui résume sa femme.

– Qu'est-ce que...

– Il est sorti, tôt ce matin, avec la fille de nos hôtes et ses nouveaux amis ! Sans même nous prévenir !

– Et où est-il allé ?

Fernando froisse le mot dans sa poche.

– Ils sont sortis pour... Eh bien... faire une sorte de jeu, je crois..., improvise-t-il.

– Impossible, affirme le professeur. Mon fils ne joue jamais. C'est un garçon très mature.

– Alors... Il a peut-être eu envie d'aller dans un musée et voulait éviter de faire la queue ? tente Fernando, rouge comme une pivoine.

– Vous ne m'amusez pas, monsieur, déclare le professeur d'université. Si je suis encore dans cet hôtel, c'est uniquement pour faire plaisir à ma femme... mais, là, je crois que vous avez franchi une limite. Alors je vous le demande une dernière fois : où est mon fils ?

– Il est en ville avec Elettra et Sheng, répond Fernando.

Mme Miller s'adresse à Linda, croyant trouver en elle un soutien féminin et lui confie :

– Harvey n'aime pas perdre son temps avec des enfants de son âge. Et encore moins avec des filles... surtout si elles sont agitées !

– Ce que fait Harvey ne concerne que lui, éclate Linda, prenant de façon inattendue le parti de Fernando. Après tout, il me semble suffisamment grand pour décider seul, non ?

– Mais comment osez-vous ? s'insurge le professeur.

– Si le pauvre Harvey a décidé de perdre son temps avec des enfants de son âge et qui plus est avec ma nièce, qui est si « agitée », c'est probablement parce que, jusque-là, il s'ennuyait à mourir !

– Mon dieu ! soupire la mère d'Harvey. George, dis quelque chose !

L'homme lève un doigt vers le ciel.

– Ça signifie quoi, George ? l'interrompt Linda, les mains sur les hanches. Que vous allez en parler avec le proviseur ?

19
LA CARTE

Agenouillés sur les chaises de la cuisine, Harvey, Elettra et Sheng contemplent la carte stellaire ouverte sur la table.

– Regardez ! Il faut partir du centre, de la femme entourée par les étoiles de la Petite Ourse, explique Ermete.

– Hao ! s'écrie Sheng.

– L'étoile Polaire, celle qui indique la route du nord, en fait partie.

« La route du nord », note mentalement Elettra.

Mistral n'est plus là pour prendre des notes dans son carnet.

– Si vous avez découvert comment la carte fonctionne, vous ne pouvez pas nous le dire plus simplement ? éclate Harvey.

– Comme vous voulez, mais vous allez perdre le meilleur. Ce n'est pas une carte normale... Elle n'indique pas simplement où aller. C'est la carte de toutes les cartes possibles. Celle qu'Alexandre le Grand utilisa pour conquérir l'Orient. Que les Rois mages suivirent pour arriver en Occident. Que Platon utilisa pour décrire l'Atlantide. Que Marco Polo montra au Grand Khan et qui permit à Christophe Colomb de découvrir la route du Nouveau Monde.

– Hao ! répète Sheng, en s'appuyant sur les coudes.

– Vous avez lancé des noms au hasard ? demande Harvey.

– Absolument pas.

Ermete sort de la cuisine et revient avec un paquet de feuilles.

– Voilà les photos et les négatifs de toutes les inscriptions gravées sur la carte. Regardez là !, dit-il, en commençant à les feuilleter. Ce signe est peut-être la seule signature laissée par Alexandre le Grand de toute sa vie. Les caractères assyro-babyloniens *B*, *G* et *M* correspondent à Balthazar, Gaspar et Melchior, c'est-à-dire aux Rois mages. Ce symbole est la signature de Christophe Colomb, et cette fioriture dans le bois est le sceau des Polo, les marchands vénitiens qui ont été jusqu'en Chine.

– Chez moi ! s'exclame Sheng, satisfait.

– Je pourrais vous en parler pendant des heures, poursuit Ermete en mettant de côté ses documents. Mais j'ai l'impression que vous ne désirez pas connaître les autres propriétaires de cette carte : Platon, Pythagore, l'empereur Adrien, Ibn Battuta, Schleiman... et tous les autres, jusqu'à Alfred Van Der Berger. Puis vous.

– Je ne vois toujours qu'un bout de bois plein de marques, murmure Harvey, pas ému le moins du monde.

– Schleiman, c'est celui qui a découvert le trésor de Troie ? demande Sheng, beaucoup plus enthousiaste.

– Tout à fait, confirme Ermete en tournant la carte. Et voilà sa signature, parfaitement lisible.

– C'est impossible, grommelle Harvey.

– Toutes ces personnes..., le coupe Elettra, savaient donc comment l'utiliser ?

– Oui.

– Pour trouver l'Anneau de Feu ?

– Non, répond Ermete. La carte ne sert pas à trouver l'Anneau de Feu.

– Stop ! Stop ! s'insurge Sheng, les mains en avant comme pour arrêter un penalty. Je croyais avoir compris le contraire.

– Oui, mais...

– Elle sert à quoi, alors ?

– Ces jours-ci, à Rome, elle peut servir à trouver l'Anneau de Feu, dit Ermete.

Sheng le regarde d'un air suspicieux.

– Faudrait savoir !

Elettra prend Sheng par le poignet.

– Il a dit « ces jours-ci », « à Rome » et « peut servir ».

Sheng acquiesce, même s'il ne saisit toujours pas.

– Donc...

– Eh bien... à d'autres moments... dans d'autres lieux du monde... cette carte permet de découvrir d'autres choses.

– Hao ! Maintenant, j'ai compris.

Sheng arbore un large sourire.

– Et comment fait-on ?

– C'est simple.

Ermete récupère le plan de Rome qu'Elettra a pris sur le réfrigérateur du professeur et le superpose au plan en bois en faisant coïncider les marques.

– Je crois que c'est comme ça, dit-il.

– *Vous croyez ?* s'exclame Harvey.

– C'est la première fois que j'essaye, plaide-t-il. Aidez-moi à bien plaquer le plan...

Elettra pose les tasses de céréales aux quatre coins de la carte de Rome.

– J'imagine Marco Polo faisant la même chose que nous, ironise Harvey.

Ermete l'ignore.

– Bien. On a ainsi déterminé le « où ». Il nous reste à découvrir le « quoi ».

L'ingénieur regroupe les toupies en bois sur la table.

– Observez les dessins. Première toupie : la tour du silence… c'est-à-dire un lieu sacré : le refuge, l'endroit sûr où on peut faire une halte et se reposer. Deuxième toupie : le chien de garde.

– Je vous l'avais dit que c'était un chien ! exulte Sheng, sous le regard affligé d'Harvey.

– Il monte la garde devant quelque chose d'important et de précieux qu'on ne peut atteindre qu'en trompant son attention, poursuit Ermete. Troisième toupie : l'œil. Seul un bon observateur parvient à voir ce qui échappe aux autres. Et enfin la dernière : le vortex. Qui attire les navires et les fait sombrer. Danger.

Ermete dispose les quatre toupies près de la carte.

– Et maintenant on doit faire quoi ? demande Elettra.

– Les lancer, répond-il d'une voix légèrement tendue. Sur la carte.

Harvey brise le silence qui vient de s'installer en éclatant de rire.

– Assez plaisanté, ricane le jeune Américain. Vous croyez vraiment qu'on va faire quelque chose d'aussi stupide ?

– Ce n'est pas stupide.

– C'est bien pire ! C'est totalement dingue ! dit Harvey en quittant sa chaise. Neuf fois sur dix, la toupie va tomber par terre !

– Neuf fois sur dix, ton horoscope est faux, rétorque Ermete. Mais, une fois sur dix, il est juste. Et une chance sur dix, c'est plus que ce que tu peux espérer dans la vie.

– Balivernes ! s'exclame Harvey. Je ne pense pas qu'*eux* veulent s'en servir pour lancer des toupies ! Ils la veulent parce qu'elle est ancienne et vaut un paquet de fric, et il y a probablement quelque part un collectionneur impatient de la voir trôner dans son salon.

Ermete va pour riposter lorsque Sheng l'interrompt en hurlant un « halte ! » tonitruant.

Il saisit la toupie de la tour.

– Cette histoire de toupies, je l'ai rêvée !

Harvey lève les mains au ciel.

– Magnifique ! Il ne nous manquait plus que ça !

Mais Sheng a l'air sérieux.

– Vous dites qu'il suffit de la lancer sur le plateau, c'est bien ça ?

– Oui, murmure Ermete, en déplaçant les tasses qui tiennent le plan.

– Alors, essayons.

Elettra fait signe à Harvey de se taire, tandis que Sheng place la pointe de la toupie au centre de la carte.

– De toute façon, on n'a rien à perdre.

– Ridicule..., grommelle Harvey.

– Indique-moi, toupie de la tour, invoque Sheng en se rappelant le visage masqué de la femme de son rêve, où se trouve le lieu sûr.

Il lui imprime un mouvement de la paume et la laisse filer. La toupie tourne vertigineusement sur elle-même en se déplaçant sur la carte. La pointe suit les lignes tracées dans le bois en dansant dans les rues de Rome comme une élégante ballerine. Rue Condotti, Villa Borghese, Testaccio, les Parioli... Elle se déplace dans toutes les directions, comme si elle hésitait.

« On n'y parvient pas par une seule voie », pense Sheng, tandis que la toupie remonte le cours du Tibre en tournoyant. Elle rejoint l'île Tibérine, suit une trajectoire curviligne vers le sud et, là, elle s'arrête, en continuant de tourner sur elle-même.

– « Trastevere. Place in Piscinula », lit Ermete.

– Hao ! s'exclame Sheng. Alors ça marche !

– Pourquoi ? s'étonne Ermete.

Elettra sourit.

– Parce que c'est chez moi.

La toupie cesse lentement de tourner et s'immobilise sur le flanc, exactement sur la rue où se trouve la Domus Quintilia.

– Alors, qu'en dites-vous ? demande Ermete, les mains dans les poches de son peignoir.

– Il faut le voir pour le croire, murmure Sheng.

– C'est une simple coïncidence, réplique Harvey avec obstination.

– Je vais essayer moi aussi, propose Elettra.

Elle prend la toupie et la relance.

La toupie de la tour parcourt la carte et s'immobilise à Trastevere, laissant tout le monde bouche bée.

Harvey secoue la tête, sceptique. Mais n'ajoute aucun commentaire.

Elettra, au contraire, prend la toupie de l'œil.

– Celle-là indique...

– Ce qu'un bon observateur doit réussir à voir, complète Ermete.

– Voyons ça...

Elle la lance d'un mouvement assuré. La toupie tournoie un moment et s'arrête sur une ruelle du centre-ville.

– « Rue de la Gatta », lit Ermete. Ça vous dit quelque chose ?

– Non, répond Elettra. Je ne sais même pas où elle se trouve.

– Alors ? demande Sheng, déçu. Ça ne nous sert à rien ?

– Exactement, se moque Harvey.

– La toupie nous suggère d'aller voir sur place, dit Elettra.

Sheng écarquille les yeux.

– Mistral est peut-être cachée là-bas ?

Elettra se saisit de la toupie du chien de garde.

– Si Mistral a été enlevée, comme nous le pensons... nous avons besoin de savoir où le chien garde « quelque chose d'important et de précieux ».

Elle lance la toupie, qui effectue de tout petits sauts avant de s'arrêter sur une maison du quartier Coppedè.

– Tout aussi mystérieux que la rue de la Gatta, commente Elettra, perplexe.

Harvey ricane.

– Deux bons lancers et deux inutiles.

Sheng affiche une expression indéfinissable.

– Que signifie Coppedè ?

Ermete hausse les épaules.

– C'est le nom de l'architecte à moitié fou qui a conçu le quartier : une zone résidentielle un peu bizarre avec un tas de maisons étranges. À ce qu'il paraît, on y a même tourné des films d'horreur.

Elettra et Sheng échangent un regard effrayé.

– Un petit coin sympa ! s'écrient-ils. Et peut-être dangereux ?

– Pourquoi ne le demande-t-on pas à la dernière toupie ? propose Harvey d'un ton provocateur. C'est bien son rôle, non ?

Sans attendre leur réponse, il prend la toupie du vortex et la lance sur la carte.

Elle oscille comme ivre pendant quelques secondes.

Puis s'immobilise sur la même case du quartier Coppedè, juste à côté de la toupie du chien de garde.

20
LE QUARTIER

Mistral ouvre les yeux sur le plafond bleu de la pièce.

« Mais quelle pièce ? » se demande-t-elle, en s'asseyant sur le lit.

Elle se trouve dans une petite chambre à coucher. Une armoire, un tapis, un petit fauteuil en cuir blanc. Une unique fenêtre aux volets fermés. Des rais de lumière filtrent à travers les fentes.

« Il fait jour, donc... Mais que s'est-il passé ? »

Elle se rappelle le carrelage de l'appartement du professeur qui se cabre, tel un cheval fou avant de sombrer dans un tourbillon. Elle se souvient d'Elettra, à quelques pas d'elle, qui lui crie de chercher des signes rouges sur le sol et puis... plus rien.

Mistral se force à descendre du lit. Elle se sent tout endolorie, la tête et les jambes lourdes. Elle s'examine : ceux qui l'ont couchée l'ont également changée. Ses habits sont pliés au pied du lit.

Mistral jette un coup d'œil à travers les persiennes : elle aperçoit un château médiéval aux toits crénelés, un jardin aux arbres noirs, l'angle d'une fontaine, une maison jaune aux murs décorés de motifs floraux...

Ça ne ressemble pas à Rome. Elle récupère son pull et son pantalon, et les enfile directement sur le pyjama. Puis elle se retourne.

Quelqu'un vient d'ouvrir la porte.

C'est un homme, que Mistral reconnaît instantanément.

Elle laisse tomber son pull.

Et elle hurle.

– Tais-toi ! lance Jacob Mahler.

Mistral recule dans l'espace libre entre le lit et la table de nuit en secouant la tête.

« C'est un cauchemar, pense-t-elle. Un simple cauchemar. »

Mais Mahler est toujours là, immobile sur le seuil de la porte, le regard froid, un gros pansement à la racine des cheveux.

– Je ne vais pas te faire de mal, dit-il.

Mistral sent le mur contre son dos.

– Qui êtes-vous ?

– Celui qui t'a sauvé la vie.

La fille secoue la tête, incrédule.

– Je t'ai traînée hors de l'immeuble pendant qu'il s'écroulait, poursuit Mahler. Et je t'ai emmenée ici pour que tu récupères.

– Vous êtes l'un d'*eux*..., siffle Mistral.

– Je sais que je ne te plais pas. Et je m'en fous. Je te conseille cependant de me faire confiance. Tu t'appelles comment ?

– Mistral.

Jacob Mahler s'avance de quelques pas, s'arrête au bord du lit. Tend la main.

– Moi, c'est Jacob.

La main du tueur est longue et maigre, recouverte de coupures. Mistral ne bouge pas.

– Comme tu veux, dit-il en baissant le bras. Mais tu es en train de commettre une erreur.

– Vous êtes l'un d'*eux*, insiste la gamine.

Mahler ricane.

– Et toi ? Qui es-tu ? Ou qui voudrais-tu être ?

Mistral sent sa gorge se nouer, mais elle s'efforce de combattre la peur.

– Si tu continues comme ça, je ne pourrai pas t'aider, avertit Jacob.

La gamine se passe nerveusement une main dans les cheveux.

– Aider comment ?

– À retourner chez toi, par exemple. Tu habites où ?

– À Paris.

– Humm... Un peu trop loin d'ici, tu ne trouves pas ?

– Tout dépend d'où nous sommes, *ici*.

Un sourcil de Mahler s'arque.

– Belle tentative. Tu es intelligente.

– Et je sais que vous ne voulez pas m'aider.

– Alors tu devrais également savoir que je ne te veux pas de mal. Je veux juste une chose. Et tu sais quoi.

– Non, répond la gamine d'un air têtu.

– Mistral, insiste Mahler en indiquant la porte entrouverte. Tu vas me raconter ce que vous avez fait de la mallette... ou je vais chercher le violon ?

Le souvenir des notes hypnotiques de cet instrument frappe Mistral comme un coup de poing. À la seule idée d'entendre à nouveau cette mélodie, elle écarquille les yeux d'effroi.

– Alors ?

– Vous m'avez dit que vous m'aviez emmenée hors de l'immeuble quand il était en train de s'écrouler.

– C'est exact.

– Qu'est-il arrivé aux autres ?

– Pourquoi ? Vous étiez plusieurs ? demande Mahler en feignant la surprise.

– Vous le savez très bien.

– Je ne sais absolument pas combien vous étiez. Tu veux me le dire ?

Mistral secoue la tête.

Mahler prend appui sur le lit.

– Ne nourris pas trop d'espoir. Il n'y a eu aucun survivant. Le plancher s'est effondré. Boum ! Et il a entraîné Little Linch et tous tes amis.

Les yeux de Mistral s'embuent de larmes.

– C'est la loi de la nature : il y en a qui meurent et il y en a qui vivent. Tu es vivante, Mistral, grâce à moi. Tu ne crois pas que tu pourrais au moins m'accorder une petite faveur ?

Mistral hoche lentement la tête.

– Je n'aide pas les gens de votre espèce.

Mahler se dirige vers la fenêtre et jette un coup d'œil à l'extérieur.

– Ah, les jeunes d'aujourd'hui ! murmure-t-il pour lui-même. Ils jouent aux héros, tout ça parce qu'ils ont vu trop de séries télé. Tu en regardes, Mistral ?

Il ouvre la fenêtre, laissant entrer l'air froid et le bruit de la circulation.

– Non ? Tu as tort. Moi, j'aime bien ça. Un épisode ne dure que vingt minutes. Aussitôt fini, aussitôt oublié, en tout cas jusqu'à la semaine suivante. C'est magnifique, non ? Tout ne serait-il pas parfait si la vie était divisée en épisodes de vingt minutes ?

Il foudroie Mistral du regard.

– Ce ne serait pas magnifique ? répète-t-il.

Mistral acquiesce machinalement.

– Eh bien, moi, j'aimerais que notre épisode se termine rapidement. Que tu retournes chez ta mère et que tu oublies tout.

– Jusqu'à la semaine suivante, répond Mistral.

– Justement : tu aimerais bien que ta mère puisse voir le prochain épisode du feuilleton de Mistral ?

– Que voulez-vous dire ?

– Tu me racontes ce que vous avez fait de cette mallette, explique Mahler en claquant la fenêtre... ou ton feuilleton se termine ici, maintenant. Et pour toujours.

Mistral sait que Jacob ne plaisante pas. La peur lui fait tourner la tête et ses jambes sont sur le point de flancher, mais elle essaye de résister.

– Cette mallette, poursuit Jacob Mahler, est à moi. Et je suis très en colère qu'on me l'ait volée, Mistral.

– Ce n'est pas nous qui l'avons volée.

– *Très* en colère.

– On ne voulait même pas la prendre... C'est lui qui nous l'a donnée.

– Continue.

– Quand on a rencontré le professeur Van Der Berger sur le pont, il était en train de les fuir, *eux*... vous. Il disait que tout avait commencé et que nous devions lui garder sa mallette. Mais nous...

– Qu'en avez-vous fait ?

– On l'a jetée... dans la rivière.

Les yeux de Mistral ne parviennent pas à soutenir l'intensité de ceux de Jacob Mahler.

Le tueur soulève la main droite et, lentement, commence à égrener les secondes qui la séparent de la fin de son feuilleton.

– Cinq... quatre... trois... deux... un...

– Elle est dans la cave, répond Mistral *in extremis.*

– La cave de la Domus Quintilia ?

Mistral se mord les lèvres, sans répondre.

– Brave fille, sourit Jacob Mahler. Je vais aller la chercher. Puis je te ramène chez ta mère. C'est d'accord ?

Sans attendre la réponse, l'homme aux cheveux blancs quitte la pièce et ferme la porte à double tour derrière lui.

Dehors, il y a Béatrice.

– Qu'elle se tienne tranquille ! ordonne Mahler en lui tendant les clefs. Et ne la laisse sortir sous aucun prétexte. Je vais récupérer la mallette.

– Que penses-tu faire d'elle ?

– Elle m'a vu. Elle peut me reconnaître.

– Et alors ? C'est juste une gamine. Tu ne voudrais pas...

– Je ne tue pas les enfants, l'interrompt Mahler.

Il plonge une main dans sa poche et en sort un petit pistolet noir.

– Je fais en sorte que d'autres s'en chargent.

Béatrice observe la main du tueur d'un air horrifié.

– Tu plaisantes, j'espère ?

– Non. Si elle essaye de s'enfuir et que tu n'as pas d'autre moyen de l'arrêter... n'hésite pas à tirer.

Le pistolet passe dans les mains de Béatrice.

Mahler descend rapidement les escaliers du petit pavillon.

– Je sais que tu as du cran, fillette. Ne me déçois pas.

Un parfum de violette traîne un instant dans l'air.

La porte du rez-de-jardin s'ouvre et se referme.

D'une fenêtre en forme de hublot, Béatrice observe sa Mini jaune qui traverse la place. Puis elle regarde le pistolet dans sa main, en proie à de sombres pensées. Jacob Mahler lui a demandé de ne pas le décevoir, cependant il y a des limites qu'elle n'est pas prête à franchir.

Elle pensait ingénument participer à une opération de grande classe, comme dans ces films d'agents secrets où on s'échange des mallettes. Mais assister au meurtre d'un homme sur les rives du Tibre, et devoir peut-être tuer une gamine, c'est tout autre chose.

Elle n'est pas sûre d'avoir fait le bon choix. Pas sûre du tout.

Elle se dirige vers la chambre de Mistral. Pose l'oreille contre la porte et entend la jeune fille chuchoter :

– Maman, où es-tu ?

Le cœur de Béatrice se serre tellement qu'il devient petit comme une épingle. « Je ne suis pas ta mère, songe-t-elle. Mais je pourrais être ta sœur. »

– Je ne veux pas te faire de mal, murmure Béatrice devant la porte fermée. Et il ne t'en fera pas non plus.

Elle a un pistolet dans la poche.

– Tu peux avoir confiance en moi.

– Alors ?

– Elle ne répond pas au téléphone. Elle doit être perdue quelque part dans le monde... À l'université, ils n'ont rien su me dire de plus.

– Il faut la retrouver. Et savoir si c'est elle qui a parlé.

– Tu as d'autres nouvelles ?

– Elles ne sont pas bonnes. Les gamins sont trois, ils ont perdu Mistral.

– Comment ça, ils l'ont perdue ?

– Elle n'est pas revenue. Ils disent qu'elle est repartie avec sa mère.

– Tu avais pourtant tout organisé pour qu'ils aient le temps de chercher... l'Anneau de Feu ?

– Quelque chose est allé de travers.

– Comme la dernière fois, donc.

– La dernière fois, c'était différent.

– C'était il y a cent ans.

– Quoi qu'il en soit, c'était différent.

– Je ne crois pas. Les gamins sont bloqués et risquent de répéter les mêmes erreurs.

– Je t'ai seulement dit qu'ils ont perdu Mistral. Les autres se sont remis en marche ce matin. Peut-être que... tout n'est pas perdu.

– Ça ne s'est jamais produit à trois. C'est difficile, tu ne crois pas?

– Difficile mais pas impossible.

– Si les gamins échouent cette fois-ci, ce sera... comme la fin du monde.

– Alors cherche-la, Vladimir. Cherche-la encore.

21
LES RUES

À 11 h 11 du dernier jour de l'année, Elettra arrive rue de la Gatta. Évitant une Bohémienne qui quémande quelques pièces pour lire les lignes de la main, elle traverse une petite place lumineuse transformée en parking. Elle a dans ses poches la dent et la toupie avec l'œil. Avant de partir de chez Ermete, ils se sont réparti les tâches et... le trésor.

La rue de la Gatta est décevante. C'est juste une petite ruelle étroite et sombre, sale, pavée et flanquée de hauts immeubles en travertin foncé. Au rez-de-chaussée, de hautes grilles noires protègent les fenêtres.

– Qu'est-ce que tu voulais nous indiquer? demande Elettra à la toupie. Ne me dis pas qu'Harvey a raison, et que tu ne sers à rien!

Elle s'engage dans la venelle, animée des meilleures intentions du monde mais, malgré tous ses efforts, ne remarque rien de spécial. Au bout de quelques mètres, la ruelle s'élargit en une placette, puis redevient étroite, mieux éclairée et goudronnée.

Elettra dépasse une librairie, une bibliothèque, quelques boutiques, les inévitables voitures garées sur le trottoir, une fourgonnette déglinguée sur laquelle se détache le nom d'une entreprise de déménagements et... rien d'autre.

Fin de la rue de la Gatta.

Elle revient sur ses pas en se remémorant ce qui est écrit dans le carnet du professeur : *Cherche en bas et tu trouveras en haut.*

« Je suis peut-être la plus folle de nous trois. »

« De nous quatre », corrige-t-elle aussitôt.

Elle ratisse la venelle, passant en revue les noms sur les sonnettes, à la recherche du moindre indice.

– On va te retrouver, Mistral, murmure-t-elle. Ne t'inquiète pas, on va te retrouver.

Cette certitude est plus forte que toute pensée, comme d'appeler à la maison pour dire que tout va bien, par exemple. Elettra est entièrement concentrée sur son but, sur ses amis. Comme si elle les connaissait depuis toujours.

Elle ne s'est jamais sentie autant en phase avec quelqu'un.

Harvey est un peu revêche mais, au fond de lui, il croit aussi à leur aventure. Elettra sent encore le contact de sa joue lorsqu'il la protégeait dans l'appartement du professeur... Et puis il y a Sheng, si enthousiaste qu'il en devient naïf. Mais sa confiance est inébranlable.

– Tu ne la trouves pas, hein ? demande soudain un moustachu grassouillet, debout près d'un bar.

Elettra s'arrête net.

– Tu es une touriste, pas vrai ? lui lance-t-il. J'ai l'œil pour ce genre de chose. Je ne me trompe jamais. Tu es à Rome pour le nouvel an ! J'ai vu juste, n'est-ce pas ? Tu viens d'où, de Paris ? Je suis sûr que tu n'as jamais goûté un vrai plat de spaghettis !

Le grassouillet éclate de rire et Elettra ne sait pas si elle doit lui répondre du tac au tac en dialecte romain, ou jouer le jeu.

Elle décide de l'ignorer et poursuit son chemin.

L'homme la regarde d'un air satisfait et lui crie :

– En tout cas, tu dois lever les yeux. La chatte que tu cherches est là-haut, à l'angle de la corniche au premier étage. Elle ne peut pas t'échapper : c'est une statue !

Nouvel éclat de rire.

Elettra lève les yeux: la statue d'une chatte se dresse sur la corniche d'un des immeubles. «Voilà qui explique le nom de la rue.»

Mais l'homme du bar n'a pas terminé:

– Ils viennent tous pour la même raison… La légende dit qu'un trésor est caché à l'endroit exact où regarde la statue. Mais je pense que la chatte s'est tournée au fil des années. Elle regardait initialement le bar! Quels autres trésors y a-t-il ici, d'après toi?

Il prend congé de la gamine et pénètre dans le café en libérant un troisième éclat de rire.

○⊕⊙⊖

Sheng descend de l'autobus et franchit d'un pas rapide les pâtés de maisons qui le séparent du quartier Coppedè. Il est équipé d'un gigantesque plan de la ville, théoriquement pliable, de stylos et de crayons pour noter tout ce qui peut être utile, d'un carnet de tickets à moitié utilisé et d'un appareil photo de reporter qui lui donne l'air de Peter Parker, le seul journaliste capable de débusquer l'Homme Araignée.

Il a dans ses poches deux toupies: le chien et le vortex. Et il espère que son expédition va servir à quelque chose.

Au premier carrefour, il se plonge studieusement dans la carte et prend la mauvaise direction sans éprouver le moindre doute. Lorsqu'il s'en rend compte, il est presque trop tard pour rebrousser chemin : le soleil est haut dans le ciel, les arbres du parc de la Villa Borghese exposent leurs troncs séculaires, et Rome est décidément trop grande pour qu'il s'inflige une nouvelle corvée.

Il s'assoit pour faire le point.

L'orientation n'a jamais été son fort, surtout dans une ville si différente de celle dans laquelle il a grandi. S'il était à Shanghai, il appellerait un de ses cousins ou bien il louerait un pousse-pousse. Mais il est à Rome. Et il lui a suffi de voir comment fonctionnaient les transports en commun pour en avoir par-dessus la tête des instructions en italien...

Il vérifie l'heure, essaye de ne pas penser au retard accumulé et se remet en marche vers le quartier Coppedè.

L'appareil photo pendouille à son cou, son bras bandé lui fait mal. Mais Sheng est content d'être là. Il n'a aucune idée de ce qu'il va trouver dans la maison qu'il a entourée en rouge, ni des photos qu'il va réussir à prendre, mais il préfère ne pas s'apitoyer sur son sort ou râler en permanence, comme le fait Harvey.

– Ce n'est pas ma faute ! hurle Sheng un moment plus tard en réalisant que la rue qu'il a empruntée grimpe au lieu de descendre. Elles sont toutes tordues !

Au Royaume du Dé, Harvey fait les cent pas.

Il est midi.

Et Ermete est encore sous la douche. Depuis au moins une demi-heure.

Harvey l'entend chanter tandis que des volutes de vapeur filtrent de la porte entrouverte. À la énième fausse note, il s'éloigne et consulte sa montre une nouvelle fois.

– Bon sang, tu en as encore pour combien de temps ?

C'est une question qui s'adresse un peu à tout le monde : à l'interminable douche d'Ermete, à Elettra et à sa mission rue de la Gatta, et à Sheng, qui à cette heure doit être perdu dans les rues de Rome.

Harvey pense qu'ils n'auraient pas dû se séparer. Et, après avoir passé la matinée à écouter Ermete téléphoner à des amis peu fréquentables, il est convaincu qu'il n'aurait pas dû rester ici non plus.

Sur le papier, leur mission paraissait plus captivante : trouver un ami d'Ermete un peu louche, susceptible d'avoir des informations sur l'homme au violon. Ou sur l'enlèvement de Mistral.

Mais, après mille essais infructueux, juste au moment où ils avaient obtenu un rendez-vous, l'ingénieur a eu besoin de prendre une douche pour se concentrer.

– Une douche d'une heure ? hurle Harvey, exaspéré par l'attente.

Il sent monter en lui une colère irrépressible. Il aimerait bien savoir si Elettra et Sheng ont découvert quelque chose en suivant les indications des toupies. Il ne sait pas quelle réponse il préférerait entendre, car, si ces morceaux de bois fonctionnent, cela veut tout simplement dire qu'il est en train de devenir fou.

– C'est totalement absurde..., murmure-t-il devant un des jeux de société d'Ermete. J'ai l'impression d'être un simple pion sur un échiquier.

Il traverse l'appartement pour la énième fois et serre les poings de rage en entendant l'ingénieur siffloter joyeusement.

– Tu nous donnes un sacré coup de main ! grommelle-t-il, taraudé par l'impatience.

En revenant dans la cuisine, il voit le téléphone et décide d'appeler.

Il prend le combiné. Le repose. Le reprend. Puis compose rapidement le numéro de portable de ses parents.

– Papa ?

– HARVEY ? Mais où t'es-tu fourré ? crie son père.

Le téléphone hoquette en passant dans les mains de Mme Miller, qui lance une rafale de questions sans prendre la peine de respirer.

– Tout va bien… Tout va bien, essaye de dire Harvey.

Mais sa mère est comme une rivière en crue.

– Oui, on revient vite... On est seuls... non ! Non ! Maman ! Écoute-moi ! Écoute ce que je dis ! NON, je ne peux pas revenir maintenant ! Et ne viens pas me chercher ! Chez un ami. Oui, un ami ! Je ne sais pas comment il s'appelle ! JE VAIS BIEN ! Maman ! Je voulais juste... Je voulais seulement...

Et il raccroche avant que son oreille ne prenne feu.

– Et bonne année à vous aussi ! murmure-t-il en fixant le téléphone.

La porte de la salle de bains s'ouvre. Ermete a terminé.

– Tout va bien ? demande-t-il en frictionnant ses cheveux clairsemés.

– Tout va bien, mon œil ! hurle Harvey. On se bouge tout de suite !

○⊕⊙⊖

« Quel trésor indique la chatte ? », s'interroge Elettra, en observant la délicate statue de marbre noir en équilibre sur la corniche.

La jeune fille s'approche et s'éloigne de l'immeuble : elle tente d'évaluer le point d'observation idéal pour découvrir ce que fixe le regard de la statue.

– Bon..., conclut-elle, après plusieurs tentatives, la chatte regarde au-delà de la ruelle. Vers la place Grazioli, où se trouve le parking.

Elettra se tortille une boucle de cheveux, l'air pensif.

« Je ne cherche pas un trésor, se dit-elle. Je cherche Mistral, ou éventuellement l'Anneau de Feu. »

Si la toupie a indiqué la chatte, la chatte, elle, indique... un immeuble élégant de la place Grazioli. Son regard de pierre pourrait fixer n'importe laquelle de ses fenêtres. Ou la porte d'entrée. Ou les caves.

Elettra enjambe un tas de neige et va examiner les noms sur les sonnettes.

En avançant, elle remarque alors pour la seconde fois la Bohémienne : elle est assise en tailleur sur un tas de carton, dans un renfoncement de l'immeuble.

« Pourquoi pas ? », se demande-t-elle en contrôlant encore la position de la chatte.

Elle s'approche de la Bohémienne sans même savoir quoi lui dire.

La femme soulève son visage ridé du tas de vieux manteaux dans lesquels elle se pelotonne pour se protéger du froid et sort une sébile en plastique dans laquelle traînent quelques pièces rouges.

– Bonne chance, mademoiselle. À toi et à toute ta famille, mâchouille-t-elle, comme une triste ritournelle.

« Un peu de chance ne me ferait pas de mal », pense Elettra.

Elle glisse une main dans sa poche pour chercher de la monnaie et en extirpe la dent et la toupie. Elle finit par trouver cinquante centimes et les lâche dans la coupelle de la Bohémienne.

– Tenez, dit-elle.

La Gitane tressaille. Elle change brusquement d'expression et, avant même que la pièce ne tinte au milieu des autres, se lève de son lit de carton.

Elettra regarde derrière elle pour voir si un policier ne serait pas en train d'arriver. Mais il n'y a qu'une poignée de personnes qui traversent la place et la chatte, immobile sur sa corniche.

– Où allez-vous ? lui demande-t-elle.

La femme agite alors les mains au-dessus de sa tête.

– File ! Va-t'en !

– C'est à moi que tu parles ?

La Bohémienne acquiesce. Elle soulève ses manteaux et s'éloigne en répétant :

– Laisse tomber ! Laisse tomber !

– Laisse tomber quoi ? insiste Elettra, sidérée.

La femme s'enfuit en courant, sans prendre la peine de répondre.

○⊕⊙⊖

Sheng s'arrête pour consulter le plan devant une grande arche sombre qui enjambe la rue principale. Après une brève lutte contre le vent, il laisse échapper un soupir de soulagement. S'il ne se trompe pas encore une fois, cette arche étrange sépare le reste de Rome du quartier Coppedè.

C'est une structure inquiétante contre laquelle est adossé un bâtiment semblable à une prison.

– À nous deux, chien de garde, murmure Sheng en se retroussant les manches et en essayant de ne pas réduire le plan en lambeaux. Et à nous deux, vortex.

De l'autre côté de l'arche, la ville paraît radicalement différente. Au centre de la place se dresse une fontaine avec quatre grenouilles, entourée de monticules de neige. Et, tout autour, des immeubles, comme doublés de travertin foncé.

Sheng vérifie l'emplacement de la maison et commence à mitrailler avec son appareil photo.

Petit pavillon à damier jaune et rose. *Clic.*

Fenêtres soutenues par des masques grimaçants. *Clic. Clic. Clic.*

Balcons calés sur les épaules de titans. *Clic. Clic.*

Chevaliers en armures sous des gouttières en cuivre. *Clic.*

Toit branlant. *Clic.*

Il vise avec la rapidité d'un pistolero. Déclenche sans ralentir le pas, avec l'expression du professionnel obligé de faire un sale boulot et qui veut en finir le plus rapidement possible. Aucun passant ne s'intéresse à lui, le prenant pour un de ces touristes orientaux avides de photos souvenirs.

Sheng atteint ainsi son but sans être dérangé : un pavillon flanqué d'une tourelle sombre et entouré par une grille hérissée de pointes tellement tordues qu'elles méritent quatre déclics successifs. *Clic. Clic. Clic. Clic.*

Au-delà du portail s'étend un jardin sombre (deux déclics). Avec une série de minuscules empreintes de corbeau dans la neige (un déclic).

Le gamin lève les yeux pour observer le reste du pavillon. La façade est totalement asymétrique : les pièces et les entrées latérales sont cachées par des colonnes et des gouttières. Sheng empoigne son appareil et déclenche.

Tout en visant une fenêtre aux persiennes closes, il a l'impression de voir quelqu'un. Il zoome d'avant en arrière sans parvenir à faire la mise au point et, d'une voix tellement basse qu'il ne s'entend pas lui-même, demande :

– Mistral ? Tu es là ?

Il attend une réponse qui évidemment ne vient pas. Il baisse son appareil et regarde autour de lui. Feux de signalisation et panneaux indicateurs. Héros et monstres, épées et lys. Armoiries et blasons. Grille en fer et jardin.

– Nom d'un chien, murmure-t-il. Cet endroit donne des frissons.

Il longe la grille jusqu'à une étroite ruelle déneigée qui conduit à l'entrée du pavillon. Son regard est attiré par des taches rouges qui maculent le sol, telles de minuscules blessures.

– Bingo ! murmure Sheng.

En zoomant, il se rend compte qu'il s'agit de petites taches de sang.

Clic. Clic.

Puis il baisse l'appareil et jette un œil derrière lui. Il n'y a personne.

Il essaye de se concentrer à nouveau sur la maison, mais n'y parvient pas. Il se rend compte qu'il a une peur bleue.

Il s'éloigne en heurtant maladroitement quelques passants, s'excuse et poursuit son chemin.

« Assez de photos », pense-t-il.

Chiens, dragons, animaux sculptés, yeux, mains de pierre.

Vraiment assez. Au diable le quartier Coppedè.

Il se met à courir. Rejoint la fontaine aux grenouilles et vole sous l'arche, ne s'arrêtant que lorsqu'il l'a dépassée.

Lorsqu'il est de nouveau au centre de Rome.

○⊕⊙⊖

– Arrêtez-vous ! crie Elettra à la Bohémienne.

La femme court gauchement, gênée par l'épaisseur de ses vêtements.

– Va-t'en, répond-elle sans ralentir.

Elettra la suit, en marchant, puis en courant.

– Pourquoi vous enfuyez-vous ?

La Bohémienne se contente de gesticuler. Elettra accélère l'allure et finit par la rattraper. La femme capitule en se collant contre le mur.

– On peut savoir ce qui vous a prise ? la harcèle Elettra.

– Dans ta poche..., halète la vieille, le visage rougi par l'effort.

– Quoi ? Ça ? La toupie ? Vous connaissez cette toupie ?

La Gitane secoue la tête, répandant autour d'elle un nuage d'odeurs désagréables : cheveux sales, sueur, terre.

– Ou bien ça ? insiste Elettra en lui montrant la dent.

La femme ne veut pas regarder et s'enfuit à nouveau.

– Non ! Va-t'en ! Ce n'est pas moi !

– Ce n'est pas vous qui avez fait quoi ? hurle Elettra en la retenant.

La Bohémienne réussit à se libérer et repart en courant. Elettra la suit en soupirant.

– Vous voulez bien m'expliquer, s'il vous plaît ?

Puis il lui vient une idée et elle s'écrie :

– Vous connaissez Alfred Van Der Berger ? Le professeur ?

En entendant ce nom, la vieille ralentit imperceptiblement l'allure. Elle se tourne pour regarder la jeune fille, hoche la tête, puis reprend sa course.

– Vous connaissez le professeur ! s'exclame Elettra. Moi aussi ! C'est un ami !

La Bohémienne s'arrête net. Elettra la rejoint, tourne autour de la cloche formée par ses manteaux et lui répète :

– Alfred Van Der Berger. Le professeur. C'est lui qui m'a donné la dent.

– Il est mort, dit la Bohémienne.

– Je sais.

– On l'a tué l'autre nuit.

Deux larmes glissent sur les joues sales de la Gitane en traçant deux sillons brillants.

– Il neigeait. Et le fleuve a crié.

– Oui, oui, oui..., confirme Elettra à chacune de ses phrases, euphorique d'avoir trouvé quelqu'un qui connaît cette histoire. Ce sont *eux*...

La femme regarde autour d'elle, l'air effrayé, et ses mains tremblent comme pour effacer ce qui vient d'être dit.

– Sssst ! siffle-t-elle entre ses dents noires. Parle doucement. Il y a... des ombres... qui écoutent. Des ombres qui font crier le fleuve.

– Ce soir-là, j'étais sur le pont ! poursuit Elettra.

– Non, répond la Bohémienne. Tu n'y étais pas. La nuit où il est mort il n'y avait que la neige. Le fleuve qui pleurait. Et le violon.

Elettra se remémore l'homme aux cheveux blancs dans l'appartement du professeur. Elle entend encore la berceuse. Plusieurs heures se sont écoulées, mais elle ne peut s'empêcher de fermer les yeux.

– Vous aussi vous avez rencontré l'homme au violon ? demande-t-elle à voix basse.

La Bohémienne secoue la tête.

– Non. Je l'ai juste entendu.

– C'est lui qui a tué le professeur ?

La Gitane pose une autre question en guise de réponse.

– Quand t'a-t-il donné la dent ?

– L'autre nuit, sur le pont.

– Et il t'a dit pourquoi ?

– Non. Il m'a laissé plusieurs choses. Je crois que c'est pour éviter que l'homme au violon puisse les trouver.

La Bohémienne plonge la main à travers les couches successives de ses habits. Elle en ressort un lacet en cuir noir au bout duquel est accrochée une deuxième dent.

Elle l'approche de celle d'Elettra.

Sur une de ses faces est gravée la lettre *M*.

22
LA CAVE

– Je suis désolé, monsieur Heinz, répond Fernando Melodia à l'homme qui s'est présenté à la Domus Quintilia pour louer une chambre. Mais nous sommes vraiment complets.

L'homme est entièrement vêtu de noir. Il porte un étui à violon et un large chapeau lui cache la moitié supérieure du visage.

– Vous êtes vraiment sûr ? insiste-t-il. C'est un ami qui m'a conseillé votre hôtel.

– J'en suis sûr. De toute manière... je crois que nous ne sommes pas d'humeur à recevoir des hôtes.

– Vous avez eu un problème ?

– Malheureusement oui, répond Fernando Melodia, sans fournir d'autres explications. Et maintenant, si vous voulez bien m'excuser...

Mais l'homme ne paraît pas décidé à partir.

– Vous ne pourriez pas au moins me faire voir les chambres, poursuit-il, ou m'accorder une petite visite ?

– Non, désolé. Nous sommes très occupés. Un problème sérieux avec ma fille, alors...

Fernando hésite à en dire plus.

– Quel âge a-t-elle ?

– Quatorze ans.

– Ah, je comprends : c'est l'âge où on commence à se révolter contre ses parents.

Fernando secoue la tête.

– Non, vous ne comprenez pas. Elle a convaincu les enfants de nos clients de...

Il écarte les mains en un geste d'ignorance.

– Je ne sais même pas quoi !

Fernando s'approche de l'homme pour le raccompagner vers la sortie.

– Une autre fois, j'espère.

– Où se trouve la cave ? lui demande l'autre, à brûle-pourpoint.

– Pardon ?

– Je vous ai demandé où se trouvait la cave.

– Là, derrière…, grommelle Fernando en indiquant la porte cachée par les plantes. Mais pourquoi…

Les poings de l'homme fusent deux fois.

Au premier coup, Fernando se plie en deux, le souffle coupé. Au second, il glisse à terre en paraissant se dégonfler, telle une baudruche.

– Merci pour l'information, rétorque Jacob Mahler.

Il l'enjambe, le prend par les aisselles et le traîne derrière le comptoir de la réception. Puis il lance un rapide coup d'œil alentour, ouvre le registre des réservations et le feuillette nerveusement à la recherche des enregistrements récents.

Mais aucun nom ne figure dans le cahier. Comme si l'hôtel n'hébergeait personne.

« Comment est-ce possible ? », s'interroge Mahler.

Il ouvre les tiroirs à la recherche de documents ou de reçus. Rien. Aucun passeport. Aucune carte d'identité.

– Malédiction ! siffle-t-il en s'adressant au corps évanoui de Fernando. Mais tu le gères comment, cet hôtel, hein ? Tu n'enregistres aucun nom !

Mahler renonce à découvrir l'identité des autres gamins et referme les tiroirs en vitesse. Il se contentera des noms qu'il connaît déjà : Elettra et Mistral.

– Occupons-nous de la mallette qu'Heremit Devil m'a ordonné de trouver, murmure-t-il en déplaçant les plantes.

Il ouvre la porte de la cave. Un escalier en pierre descend dans le noir. Mahler cherche l'interrupteur, le presse. Une rangée de lampes éclaire une pièce souterraine au plafond de briques rouges.

– Et voilà la cave.

Jacob Mahler regarde autour de lui et sourit.

Au pied de l'escalier, il y a un petit rat qui l'observe, surpris par toute cette lumière. Jacob adore les rats, créatures silencieuses comme lui. Et que les hommes n'arrivent jamais à vaincre.

Sentant le danger, le rat va se cacher dans sa tanière souterraine.

Mahler descend les marches deux par deux en faisant attention de ne pas laisser traîner son manteau. Il flaire l'air saturé de poussière, s'approche du premier meuble et soulève le drap qui le recouvre. Sous un second apparaît une armoire Liberty. Un duo de tables de nuit sous un troisième.

Il serre les dents, perplexe. La cave est immense. Où peuvent-ils bien avoir caché la mallette ?

Mahler sonde la pièce. Il aperçoit les traces d'une récente réunion qui s'est tenue à même le sol.

Il suit les empreintes jusqu'à une commode branlante.

Premier tiroir.

Deuxième tiroir.

Troisième tiroir.

Ses lèvres esquissent un sourire.

– Mallette, dit-il.

Mais, au moment même où il la saisit, il constate que quelque chose ne va pas.

Elle est légère, *trop* légère.

– Vous n'auriez jamais dû faire ça, les enfants, grimace Jacob Mahler.

Il pose la mallette sur la commode et l'ouvre.

Elle est vide. Complètement vide.

Il la jette violemment par terre, puis serre les poings pour s'empêcher de crier. Il chantonne la gamme de *do* en espérant se calmer.

Il y parvient tout en réalisant qu'il a fait trop de bruit. Il fronce un sourcil : le plafond de la cave vibre sous des pas qui se rapprochent.

Mahler récupère la mallette et lance un dernier coup d'œil autour de lui.

– Maligne, la petite Mistral... Vraiment maligne.

Les pas s'arrêtent brusquement. Il est temps de ficher le camp.

Mahler atteint la première marche lorsqu'un cri féminin lui parvient de l'étage supérieur.

– Fernando ! Qu'est-ce qui t'est arrivé ?

Il grimpe l'escalier jusqu'à la porte de la cave et voit, à travers les tiges et les feuilles des plantes, une dame penchée derrière le comptoir.

Il essaye de sortir sans faire bruisser la moindre feuille.

Mais la femme se redresse brusquement.

– Et vous, vous êtes qui ? interroge-t-elle.

Jacob montre la sortie.

– Excusez-moi ! insiste Linda Melodia. Peut-on savoir qui vous êtes ?

Une autre voix inquiète hurle derrière Mahler.

– Méfie-toi, Linda !

C'est une femme assise dans un fauteuil roulant. Les traits de son visage sont marqués et ses mains serrent les accoudoirs.

– Arrêtez-vous ! intime Linda Melodia.

Jacob Mahler tend le bras pour l'éloigner, mais, au lieu de s'écarter, elle empoigne un balai et le lui casse sur la tête.

– Je vais te faire voir, moi, maudit voleur ! Sors tout de suite d'ici !

L'homme lui bloque le bras d'une prise de fer.

– C'est exactement ce que j'essayais de faire, siffle-t-il.

– Lâche-moi ! hurle Linda en tentant de se dégager.

Mahler pourrait lui briser le poignet. Ou la tuer.

Mais il ne le fait pas, car il admire la façon dont cette femme défend son territoire. Il se contente de la pousser et de gagner la sortie.

La vieille dans le fauteuil roulant lui crie quelque chose qu'il n'écoute même pas.

Il s'éloigne de l'hôtel avec cette inutile mallette vide.

Quelque chose de chaud lui glisse sur le visage.

Il se tâte le front. Le coup de manche à balai a rouvert sa blessure.

23
LE FLEUVE

« Suis-moi », a lancé la Bohémienne et Elettra lui a obéi aussitôt.

Elle a quitté les territoires connus pour plonger dans la ville invisible des Gitans en pensant à ce qu'elle savait d'eux. Peu de chose, et rien de flatteur : « Ne te fie pas à eux. Ne les regarde pas. Ne te laisse jamais lire les lignes de la main. Ne les laisse pas te toucher. Tiens-toi à distance. »

Et maintenant, à quelques heures de la nuit de la Saint-Sylvestre, Elettra accepte d'en suivre une vers les abris qu'ils ont aménagés sous un des ponts du Tibre. Sur un sentier recouvert de neige sale, entre les arbustes, les galets du fleuve, les bois morts et les sacs en plastique. Sous l'ombre glacée d'un pont. Sous le vacarme des voitures. Laissant la ville derrière elle.

Son guide est vêtu de guenilles et de manteaux rapiécés. Un reflet doré brille cependant entre ses cheveux. Un vieux bijou, un seul, à l'oreille droite.

Le courant du Tibre est impétueux, alimenté par les récentes chutes de neige. Son chant étouffe le bruit de la circulation.

– On est arrivés..., annonce enfin la Bohémienne.

Elle indique à Elettra une baraque assemblée avec des bouts de tôle, de plastique, de vieilles poutres et des persiennes cassées. Aucune serrure. Juste une porte constituée d'affiches publicitaires collées entre elles.

À l'intérieur, il fait froid. On sent la neige traverser les parois et les pierres glacées du pont se refléter à travers le toit.

La Bohémienne essaye d'allumer un petit radiateur. La flamme a du mal à prendre, mais quelques coups de pied bien placés contre une bombonne font siffler dans le tuyau quelques râles de gaz.

Elettra reste sur le seuil, intimidée. Le sol est recouvert de plastique. Des bouts d'isolants dépassent des murs. Il flotte une odeur âcre et désagréable.

– Entre..., dit la Bohémienne. Je ne vais pas te faire de mal.

Elle se dirige vers le fond du taudis entre des piles de boîtes pleines de vieux habits.

Elettra déglutit et entre.

– Aide-moi..., dit la femme. C'est lourd.

Elles déplacent quelques boîtes et parviennent à sortir une caisse en bois, cachée contre le mur du fond.

Elle est très lourde, comme si elle était pleine de pierres.

– Pourquoi vous m'avez emmenée jusqu'ici ? demande Elettra.

La Bohémienne farfouille dans un petit sac plein de bibelots dorés. Elle en sort une clef, puis s'agenouille pour ouvrir la caisse.

– C'est le professeur qui l'a apportée, explique-t-elle. Après que je lui ai lu les lignes de la main.

Elettra fixe la caisse, l'air hébété.

– Et il y a quoi, dedans ?

– Attends.

– Quand lui avez-vous lu les lignes de la main ?

– Quand je l'ai connu, il était en train de chercher. Nous nous sommes rencontrés sur la place de la Gatta.

– Il cherchait quoi ?

– Un trésor... c'est ce qu'il m'a dit. Mais il était triste. Ça se voyait dans ses yeux. Je me suis approchée et je lui ai demandé si je pouvais lui lire les lignes de la main, et il a accepté.

– Qu'est-ce que vous avez lu ?

– La fin du monde, murmure la Bohémienne en fermant les yeux et en faisant tourner la clef dans la vieille serrure.

Puis elle soulève le couvercle de la caisse en bois.

– Je ne sais pas pourquoi il a voulu me les apporter, explique-t-elle d'une voix légère, après avoir lancé un coup d'œil à l'intérieur de la malle. Peut-être parce que j'ai vu la fin du monde dessinée sur sa peau. Il le savait déjà, tu sais ? Il m'a demandé comment j'avais fait pour le comprendre.

Elettra demeure silencieuse. Elle ne distingue pas l'intérieur de la caisse. Elle parvient juste à lire l'inscription noire gravée sur le couvercle : *Orsenigo 1837-1904.*

Ce nom lui rappelle quelque chose, mais elle ne saurait dire quoi. Une des nombreuses notes du professeur, peut-être. L'étrange familiarité de ce nom accélère les battements de son cœur.

– Sur sa main, j'ai vraiment vu la fin du monde ! s'exclame la Bohémienne.

Elle montre sa paume gauche.

– Toutes les lignes étaient brisées... Et elles formaient une grande spirale.

– Comme un vortex, dit Elettra.

– Oui..., acquiesce la Bohémienne. Le vortex du danger.

Elettra serre la toupie dans sa poche.

La Bohémienne hausse le ton :

– Ses lignes étaient toutes mauvaises. Je voyais d'autres lignes à l'intérieur. Je voyais des hommes crier. Je voyais des larmes. Je voyais brûler des flammes. Des vents terribles qui secouaient toutes choses. Et la terre qui s'ouvrait sous les pieds. Il y avait une mer noire et salée, qui effaçait tout.

Elettra éprouve une brusque envie de partir. À quelques pas de là, le Tibre gronde.

La Bohémienne plonge les mains dans la caisse.

– Il m'a payée pour que je les garde. Et il m'a dit : « Cache-les. Et si quelqu'un vient te demander quelque chose... tu... tu... tu dois t'enfuir. Si tu as peur, détruis-les. Mais ne les fais voir à personne. À personne. »

Sa boucle d'oreille scintille.

– Puis il a ajouté en me montrant les lignes de la fin du monde qu'*eux* aussi cherchaient le trésor. Et qu'ils ne devaient pas savoir où chercher.

Les mains dans les poches, Elettra fait un pas en avant pour voir ce qu'il y a dans la caisse.

– Je les ai cachées, poursuit la Bohémienne. Et personne n'est venu les chercher. Jusqu'à aujourd'hui. Quand tu es arrivée.

– Vous n'avez pas eu envie de les détruire ?

– Si. J'y ai pensé. Le professeur avait peur car ce qu'il cherchait a un rapport avec la fin du monde. C'est inscrit sur les mains d'autres hommes, répond la Bohémienne. Alors que toi, au contraire...

– Moi quoi ? demande Elettra en reculant d'un demi-pas.

La femme sort les mains de la caisse.

– Tu n'as pas peur.

Elettra ne peut s'empêcher de rire.

– Oh non, vous vous trompez. J'ai très peur. Beaucoup plus peur que ce que vous imaginez.

– Montre-moi ta main, dit la Bohémienne.

– Non ! crie Elettra sur la défensive.

Un frisson glisse dans son dos, tel une goutte glacée.

– Montre-moi ta main, insiste la Bohémienne.

Elettra secoue la tête.

– Je... Je ne veux pas...

– Ce que tu veux ou ne veux pas n'est pas toujours ce qui compte.

– Ce que vous pouvez y lire ne m'intéresse pas.

– Tu te reflètes dans un miroir même les yeux fermés.

– Qu'est-ce que vous connaissez des miroirs ?

La Bohémienne incline légèrement la tête sur le côté et, avec une infinie douceur, lui demande sa main comme si elle l'invitait à danser.

– D'accord, murmure Elettra. Mais, si vous voyez quelque chose, ne me le dites pas.

La Bohémienne acquiesce.

Et le pacte est scellé.

Elettra tend sa main gauche.

La Bohémienne fait glisser son index le long de la paume de la jeune fille en effectuant de larges cercles, insistant ici et là, comme le ferait la pointe d'une toupie.

Elle procède ainsi quelques minutes, puis s'interrompt d'un mouvement net.

– Alors ? interroge Elettra.

– Tu m'as demandé de ne rien te dire. Alors je ne te le dirai pas.

Le cœur d'Elettra s'accélère.

– À toi de regarder, maintenant, dit la Bohémienne. Viens, approche-toi.

Elettra pose les yeux sur un tas d'objets blancs et irréguliers en retenant son souffle. Elle ne comprend pas tout de suite de quoi il s'agit.

– C'est impossible, murmure-t-elle, agenouillée devant la caisse.

Elle éprouve un mélange d'horreur et de curiosité. Elle secoue la tête. Elle sent encore la pression du doigt de la Bohémienne sur la paume de sa main.

– Ce sont vraiment...

La femme sourit.

– Oui.

La caisse contient des centaines, peut-être des milliers de dents humaines.

○⊕⊙⊖

– Salut, murmure Béatrice, en entrebâillant la porte de la chambre.

Mistral est assise sur le lit et ne manifeste aucun étonnement. Elle ne répond pas, se contente de regarder droit devant elle, avec une expression distante et obstinée.

Béatrice fait quelques pas dans la pièce.

– Tu te sens comment ?

La jeune fille fixe les persiennes closes et ne dit pas un mot.

– On ne va plus attendre longtemps, insiste Béatrice, dans l'intention de la rassurer. Il va bientôt revenir.

– Mais il ne me ramènera pas chez moi, n'est-ce pas ? demande Mistral de but en blanc.

Béatrice s'approche du lit.

– Pourquoi tu dis ça?

– Parce que vous êtes... *eux*.

– Qui ça, *eux*?

Le regard de Mistral est dur.

– Je ne suis pas stupide, dit-elle. Vous êtes *eux* parce que je ne connais pas vos noms.

– Tu te trompes...

– Vraiment? Et alors vous êtes qui? Et pourquoi m'avez-vous capturée?

Béatrice se mord la lèvre.

– Tu vas voir... Bientôt, tout ça sera fini. C'est juste que...

Les yeux de Mistral sont profonds et intenses. Ils exigent la vérité.

Béatrice soupire.

– Je travaille pour lui, oui, avoue-t-elle. Mais je ne sais rien de toute cette histoire. Je ne le laisserai pas te faire de mal. Tu peux me croire.

– Il est très méchant, n'est-ce pas? demande Mistral en regardant la porte entrouverte derrière la jeune femme.

Béatrice scrute les motifs en laine de la couverture. Elle se dit qu'il faut du courage pour mentir à une gamine pareille. Et se demande combien il va en falloir pour lui dire toute la vérité.

– Oui, finit-elle par lâcher.

Mistral fixe à nouveau les persiennes closes.

– Je le savais, murmure-t-elle. Et je suis persuadée que c'est lui qui a tué le professeur.

Béatrice essaye de changer rapidement de sujet :

– J'avais une petite sœur. Elle aurait ton âge, aujourd'hui.

– Et pourquoi vous ne l'avez plus ?

– On nous a séparées. Ça arrive lorsque les parents... se disputent.

– Moi, je n'ai que ma mère, alors elle ne peut se disputer avec personne, commente Mistral.

– C'est parfois mieux, tu sais ? J'ai grandi avec mon père et...

Une série de mauvais souvenirs traverse son esprit en un éclair.

– ... Ça n'a pas été très amusant.

Mistral la regarde sans comprendre, mais ne pose pas de questions. Elle se frotte les yeux.

– Tu veux un mouchoir ? demande Béatrice.

– Je ne suis pas en train de pleurer.

Un ange passe. On n'entend que les sons étouffés de la circulation.

– Tu t'appelles comment ?

– Béatrice.

– Moi, c'est Mistral.

– Salut, Mistral.

– Tu crois vraiment que tout sera bientôt fini ?

Béatrice acquiesce nerveusement. Elle regarde Mistral et se voit elle-même à quatorze ans. Punie dans sa chambre, à attendre que son père veuille bien la laisser sortir.

– Bien sûr.

Mistral essaye de sourire. Béatrice écoute les bruits de la ville. Elle a cru reconnaître le moteur de sa Mini. Puis une porte qui claque en bas des escaliers.

– Qu'est-ce qui se passe ? s'affole Mistral.

– Rien, répond Béatrice en sortant de la chambre.

Jacob Mahler est de retour.

24
LETTRES

– OK. Ne bouge pas, s'exclame Ermete au téléphone. J'arrive tout de suite.

– Où allons-nous ? demande Harvey en voyant l'ingénieur traverser l'appartement, telle une flèche, ses touffes de cheveux encore trempées.

Il ouvre et referme tous les tiroirs. Les clefs de sa moto ont disparu, comme d'habitude.

– Comment est-ce possible ? s'écrie-t-il, furieux.

Le téléphone sonne de nouveau.

– Réponds, s'il te plaît !

Harvey écoute un instant une voix féminine qui hurle dans le combiné sans reprendre son souffle. Il couvre l'écouteur d'une main et s'exclame à son tour :

– Ermete ! C'est ta mère !

– Dis-lui que je ne suis pas là.

L'ingénieur est en train de fouiller sous un tas de T-shirts sales.

– Mais, bon sang, où les ai-je fourrées ?

Harvey libère le combiné et murmure :

– Madame... Ermete, pour le moment...

– JE NE SUIS PAS LÀ ! hurle-t-il.

Il est au fond de la pièce. Il vient juste de trouver les clefs dans un vase. Il les récupère, rejoint Harvey, lui arrache le téléphone des mains :

– Salut, maman. Écoute... Je ne sais pas ce que tu voulais me dire, mais ça ne m'intéresse pas. Non, non, non, non. Vraiment : aujourd'hui, je n'y suis pour personne !

Et il raccroche.

Puis il s'accroupit devant Harvey et lui explique :

– Elettra m'a appelé. Elle a découvert quelque chose d'étonnant...

– C'est-à-dire ? demande Harvey en retenant son souffle.

– D'après une vieille légende romaine, sur l'île Tibérine...

– C'est l'île où tout a commencé, l'interrompt Harvey.

Ermete l'ignore et poursuit :

– Il y avait un moine qui s'appelait frère Orsenigo. C'était un arracheur de dents.

– Un quoi ?

– Une sorte de dentiste. Sauf qu'il ne soignait pas les dents. Il les enlevait. Et il le faisait à mains nues.

Harvey plaque instantanément les mains devant sa bouche.

– Pour moi ça ira, merci.

– Tout Rome allait cependant chez lui, car il ne faisait pas payer. Il introduisait les doigts dans la bouche et... *trac !* plus de dents, plus de douleur. On dit que même le pape y a été et que, cette fois-là, le moine opéra avec une délicatesse extrême. La seule chose qu'Orsenigo demandait en échange de ses services, c'était de garder les dents qu'il arrachait. Durant toute sa vie, il en aurait ainsi récupéré deux millions.

– Cette histoire a un rapport avec la dent que nous avons trouvée dans la mallette ? interrompt soudain Harvey.

– Apparemment, oui, confirme Ermete. Elettra a retrouvé la caisse de dents de frère Orsenigo. Et sur chacune des dents figure une inscription. Alors je vais aller voir ça.

– Je viens avec toi.

– Non, le freine Ermete. Tu vas aller voir mon ami. Sans moi.

– Et *eux* vont en profiter pour m'arrêter...

– Je ne pense pas qu'il soit sous surveillance : ce n'est pas un gros poisson, à peine plus qu'un pirate de films et de chansons. Tu vois le genre... C'est un de ces types qui connaissent tout sur tout le monde.

– Non. Je ne vois pas.

– Essaye d'être un peu coopératif...

Ermete s'approche de la table et griffonne sur un bout de papier.

– Il saura peut-être quelque chose concernant l'homme au violon. Si quelqu'un l'a vu, par exemple. Ou s'il y a des rumeurs...

Il lui tend la feuille.

– Vas-y de ma part. Mais ne te compromets pas trop et, surtout, ne lui donne pas ton nom.

– Tout ça me semble un peu louche, observe Harvey.

– Un peu. Tu voulais faire quelque chose toi aussi, non ?

– C'est quoi ce *Bucatino* ? demande Harvey en lisant le mot.

– C'est un restaurant, à trois cents mètres d'ici. Première à droite. Tu ne peux pas te tromper.

Ermete ouvre la porte du garage.

– Et ton ami, je le reconnais comment ?

– C'est très facile…, grommelle Ermete en mettant son casque.

Il enfourche le side-car et met les gaz.

– Il ressemble à Vasco Rossi.

– C'est-à-dire ?

– Vous ne connaissez pas Vasco Rossi en Amérique ?

– Jamais entendu parler.

Le side-car vrombit comme un hélicoptère.

– Il est tout petit, avec un peu de ventre et des cheveux longs. Il s'appelle Joe. Pour parler, il utilise un boîtier d'amplification plaqué contre son cou parce qu'on l'a opéré des cordes vocales.

– Boîtier d'amplification, note mentalement Harvey.

– Et ferme le garage ! crie Ermete, en faisant crisser les pneus dans la neige.

Elettra et la Bohémienne sont assises en tailleur sur le sol plastique du taudis.

Elles ont commencé à sortir les dents de la caisse, en les classant en fonction des lettres.

– Les lignes étaient mauvaises ? interroge Elettra tout à trac, en pêchant une poignée d'incisives et de molaires.

La Bohémienne se tait. Elle continue de trier les dents avec une précision méthodique.

– Il n'y a pas de bonnes ou de mauvaises lignes. Mais seulement des lignes, explique-t-elle.

– Les lignes de la fin du monde sont de mauvaises lignes.

– Tout dépend du monde dans lequel tu vis, rétorque la femme.

– Si je te demandais de me dire ce que tu as vu sur ma main... Tu le ferais ?

– Oui, si tu le voulais vraiment.

– Je n'en suis pas sûre.

– Alors je ne te le dirais pas.

Le regard de la Bohémienne se dirige et se fixe vers l'entrée du taudis. Elle a entendu un bruit de pas.

– Je crois que mon ami vient d'arriver, lance Elettra.

Elle déplace la porte. Ermete entre et fait un signe de la main à la Bohémienne.

– Ermete ! se présente-t-il.

Elle lui répond d'un hochement de tête, et d'un scintillement d'or dans les cheveux.

– Incroyable ! s'exclame Ermete un instant plus tard en contemplant la caisse. Mais pourquoi Alfred ne m'en a jamais parlé ?

– Il y a une lettre sur chaque dent, explique Elettra en montrant à Ermete les petits tas sur le sol. Jusqu'à présent, on en a trouvé cinq.

– Il va falloir une journée pour vider la caisse ! s'écrie l'ingénieur.

– C'est pour ça que je t'ai appelé. J'espérais même que tu viendrais avec Harvey et Sheng.

– Ils étaient occupés, rétorque Ermete. De toute façon, on ne pouvait pas tous tenir dans le side-car. Fais voir les lettres.

– Il y a le *I*, le *T*, le *E*, le *R* et le *M*.

Ermete se gratte la tête.

– À quoi peuvent-elles servir ?

– Je n'en ai pas la moindre idée, répond la jeune fille, mais le professeur, apparemment en avait une.

– Il ne vous a rien expliqué ? demande Ermete à la Bohémienne.

– Juste qu'*eux* le cherchaient.

– Il y a donc quelque chose à trouver dans la caisse...

Ermete plonge les bras jusqu'aux coudes dans le tas de dents.

– Mais quoi ?

Ils continuent à séparer les dents pendant une heure, jusqu'à ce que le radiateur à gaz s'éteigne définitivement et qu'un froid mordant s'infiltre à travers les murs du taudis.

Elettra regarde les monticules de lettres.

– Ce sont toujours les mêmes, commente-t-elle.

– On peut déjà écrire mon nom, observe Ermete, en se frictionnant les doigts pour se réchauffer.

Il prend une canine, trois molaires et deux incisives et les dispose l'une à côté de l'autre pour former un étrange *ERMETE* jaunâtre. Puis il utilise les dents comme les pièces d'un puzzle macabre en essayant de composer d'autres mots :

– *Tre... Iter...*

La Bohémienne tente vainement de relancer le radiateur tandis qu'Elettra frotte ses mains engourdies l'une contre l'autre.

– Tremiti est le nom d'un groupe d'îles... Peut-être que ce qu'on cherche se trouve là. *Miti...*, tente à nouveau Ermete. *Mitte... Mitri... Mitre...*

Elettra sent ses doigts fourmiller.

– Qu'est-ce que vous avez dit ?

– *Terre ?* grommelle Ermete. *Reti ?*

– Non, non. Avant. Vous avez dit un mot qui m'a rappelé... le dieu du Soleil. Néron. Et le feu.

– Tu pensais à Mitra. Mais j'ai dit *Mitre*, ou *Mitri*... On ne peut pas faire mieux. À moins qu'il reste une dent avec un *A* dans la caisse.

– Attends ! En fait nous avons une autre lettre.

– Laquelle ?

La jeune fille plonge une main dans sa poche et récupère la dent du professeur.

– Je croyais que c'était un cercle ou un anneau... Si c'était un zéro ou... tout simplement un *O* ?

Elettra pose la dent près des cinq autres.

OMITRE.

– Mais bien sûr ! murmure Ermete, en regardant les lettres. Sauf que le *O* va de l'autre côté.

MITREO.

– C'est le nom du temple où on adorait à l'origine Mitra ! explique Ermete.

– Et alors ?

– Il y en a un célèbre à Rome, sous deux autres églises.

Ermete prend la main d'Elettra et la serre fortement.

– Et il est entièrement entouré par un fleuve souterrain...

– Un anneau d'eau ? s'étonne Elettra.

– Exactement ! exulte Ermete. Y a-t-il un meilleur endroit pour cacher... un Anneau de Feu ?

– Et où se trouve cet endroit ?

– À San Clemente, répond Ermete en se redressant.

○⊕⊙⊖

– Il faut partir, ordonne Jacob Mahler à Béatrice.

Il a l'air furibond. Il jette à terre une mallette vide, pose dessus l'étui à violon et ajoute :

– Tout de suite.

– Pour aller où ?

– Occupe-toi déjà de la voiture.

– Et toi ?

L'homme passe à côté d'elle, libérant son habituelle traînée de parfum. Il ouvre une armoire, prend sa valise et la jette dans le couloir.

– Il faut que je parle à la gamine.

– Pour lui dire quoi ?

– Elle m'a menti.

Jacob Mahler revient sur ses pas et donne à la mallette vide un coup de pied. L'étui à violon dégringole sur les pieds de Béatrice.

– Et je ne lui permettrai pas de recommencer.

– Qu'est-ce que tu vas faire ?

– La questionner.

– Et si elle ne répond pas ?

Un sourcil de Jacob s'arque, lui signalant par là qu'elle est en train de sortir de son rôle.

– Contente-toi de descendre préparer la voiture.

– Et si elle ne te répond pas? insiste néanmoins Béatrice.

Mahler la plaque contre le mur d'un geste, en collant son visage contre celui de la jeune femme.

– Écoute-moi bien. Parce que je ne te le dirai qu'une fois. Je vais aller parler à cette morveuse. Et elle va me répondre. Parce qu'elle et ses amis m'empêchent de récupérer ce que je dois rapporter à mon patron.

– Tu as peur, Jacob Mahler? siffle Béatrice, étouffée par sa poigne. Tu as peur d'Heremit Devil?

Mahler la frappe du plat de la main et la jette à terre. La gifle résonne comme du verre brisé.

– Je t'avais dit de ne jamais prononcer ce nom.

– Heremit... Devil..., marmonne la jeune femme, en se protégeant le visage avec les coudes. Heremit Devil.

Jacob Mahler serre les poings.

Béatrice s'appuie contre le mur du couloir. Elle passe lentement le dos de sa main sur ses lèvres maculées de sang.

– Voilà le grand Jacob Mahler. Le tueur infaillible qui frappe les femmes et se fait avoir par un groupe de gamins.

L'homme la regarde avec mépris.

– Tu es pathétique.

– Peut-être. Mais tu as besoin de moi.

– Je ne crois pas.

– Je pense exactement le contraire, réplique Béatrice. Et je te le répète : ne t'approche pas de cette gamine.

– Et qui va m'en empêcher ? Toi ?

– S'il le faut, oui, réplique-t-elle en sortant le pistolet de sa poche.

Mahler éclate de rire et lui tourne le dos.

– Tu ne sais même pas ce que tu es en train de faire. Il n'est pas chargé.

– Ah bon ? menace Béatrice.

– Va préparer la voiture, ordonne Jacob Mahler, en se penchant pour prendre quelque chose dans la valise.

– Et toi, va au diable ! s'exclame-t-elle en pressant la détente.

– Je sais qui c'est. Il s'appelle Jacob Mahler. C'est un Allemand. Ex-enfant surdoué. Ex-services secrets. Il s'est retiré de la scène officielle il y a dix ans. On dit qu'il a une passion pour la musique et qu'il ne s'appelle pas réellement Mahler.

– Ce qui m'intéresse, c'est de savoir ce qu'il fait à Rome.

– Je pense qu'il est venu tuer Alfred. Et prendre la mallette.

– Alors... ils sont réellement prêts à tuer.

– Je dirais même qu'ils l'ont déjà fait.

– Et nous n'y pouvons rien ?

– Le pacte prévoyait de ne pas s'opposer aux gamins.

– Le pacte prévoyait également de ne pas tuer Alfred.

– Je ne sais pas qui a lancé la machine. Et pourquoi. Je n'ai pas encore réussi à... le trouver. Alfred a peut-être laissé échapper quelque chose...

– Je ne crois pas.

– Et alors ?

– Alors un tueur de ce calibre ne vient pas à Rome sans contrat. Il travaille pour quelqu'un qui est au courant pour l'Anneau de Feu. Donc au courant de tout. D'où la question fondamentale... Qui ?

– Je ne sais pas, mais il est dangereux.

– Il faut les avertir.

– C'est-à-dire : il faut les arrêter ?

– Non, c'est impossible.

– Pourquoi ?

– Parce que je connais ma nièce.

25
LE REFUGE

Quand Sheng revient à l'appartement d'Ermete, il ne trouve personne.

Il sonne une fois, deux fois, trois fois, sans succès.

Il fait le tour du bâtiment pour être sûr que c'est le bon, puis sonne de nouveau. Il essaye d'appeler, mais ne réussit qu'à faire venir un voisin qui habite à l'étage supérieur.

Sheng le salue timidement.

Puis il regarde autour de lui, comptant frénétiquement les secondes. Si seulement il avait un portable... Il n'a plus qu'à retourner à la Domus Quintilia, qui se trouve à... Trastevere, s'il se souvient bien.

Il déplie le plan devant lui.

Il doit retraverser un pont, puis prendre le bus numéro 9. Ou le 10.

– Pourquoi c'est si compliqué ? se désespère-t-il.

Il replie rageusement le plan et décide d'attendre encore cinq minutes.

Au bout de quatre minutes, Sheng voit apparaître Harvey.

– Hé ! Harvey !

– Sheng ! Tu es arrivé quand ?

– Il y a une heure ou deux.

– Impossible. Je ne suis parti qu'une demi-heure.

– Mais où étais-tu ?

Harvey sort un trousseau de clefs et ouvre le garage.

– Je suis allé dans un restaurant près d'ici. Très grand ! Je n'avais jamais mangé de bucatini !

– Tu parais inquiet, constate Sheng. Elettra ? Ermete ?

Le rideau métallique du garage se soulève en un grincement de tôle. Harvey lui résume ce qu'il sait : la caisse de dents qu'a trouvée Elettra, le départ d'Ermete en side-car et le rendez-vous au restaurant avec un de ses amis, particulièrement louche.

– Quel genre ?

– Il ne m'a pas fait bonne impression. Donc je ne lui ai pas dit grand-chose. En fait, il n'articulait pas, mais... râlait dans un boîtier. Quand j'ai évoqué l'homme au violon...

– Qu'est-ce que tu lui as raconté ?

Harvey soupire.

– Pratiquement rien. Mais je lui ai demandé s'il le connaissait. Alors il s'est réveillé. Il m'a fait asseoir, m'a commandé un plat de bucatini et m'a posé une multitude de questions.

– Et toi ?

– Je les ai mangés.

– Et les questions ?

– J'ai raconté un tas de salades, sourit Harvey. Pour inventer des histoires, je deviens presque aussi fort que toi. Comme je te le disais, ce type ne me plaisait pas du tout.

– Tu lui as parlé de la mallette ?

– Tu me prends pour qui ?!

– Hao ! Tu es grand, Harvey. Mais tu lui as dit ou pas ?

– Non ! répond le jeune Américain.

Sheng va ouvrir le frigo et revient avec un Coca glacé.

– Je me demande si nous avons bien fait de tout raconter à Ermete.

– Ça m'a aussi traversé l'esprit, admet Harvey.

– Et... ?

– J'ai même pensé qu'il pourrait être l'un d'*eux*.

Sheng écarquille les yeux.

– C'est-à-dire ?

– Nous savons qu'il travaillait avec le professeur. Mais nous ne savons pas si le professeur lui faisait confiance...

– Sur son carnet, il avait cependant écrit à côté du nom d'Ermete « Étudier les toupies et la carte en bois. Comprendre comment on l'utilise. »

– En fait... Sheng, j'ai eu l'impression que l'ami d'Ermete... connaissait déjà l'homme au violon. Il ne m'a rien demandé sur lui. Il a juste posé quelques questions sur moi et la façon dont j'avais connu Ermete. Regarde...

Harvey compte sur ses doigts.

– Ermete connaît le professeur Alfred Van Der Berger. L'ami d'Ermete connaît l'homme au violon. L'homme au violon tue le professeur. Qu'est-ce qui lie ces trois personnes ?

– Ermete, admet Sheng, qui ajoute : il nous a pourtant aidés. Et il nous a expliqué comment utiliser la carte.

– Bien sûr. Mais c'est nous qui l'avions, lui rappelle Harvey.

Sheng rumine un instant en silence.

– Et c'est nous qui la lui avons apportée.

– Exactement. Au fait... qu'est-ce que tu as trouvé dans la maison du quartier Coppedè ?

Sheng lui montre les photos et lui avoue qu'il s'est enfui, gagné par la peur.

– Peur de quoi ?

– Je ne sais pas. Comme s'il y avait dans ce pavillon quelque chose d'effrayant.

– C'est effectivement plus clair, se moque Harvey.

Le téléphone se met alors à sonner, les faisant sursauter.

– On répond ? demande Sheng, à la seconde sonnerie.

– C'est peut-être la mère d'Ermete. Elle a déjà appelé dix fois.

– Et comment tu peux le savoir ?

– Il suffit d'écouter le répondeur. Il s'enclenche à la cinquième sonnerie.

Et, effectivement, une voix de femme se fait entendre : « Ermete ! Ermete ! Je sais que tu es là ! Ermete ! Décroche ce téléphone ou je viens te chercher ! »

Les garçons échangent un regard amusé, puis le *bip* du répondeur clôt le monologue.

– Il vaut mieux partir d'ici, propose Harvey une fois le silence revenu. Je n'aimerais pas tomber sur la mère d'Ermete !

– Ce doit être une furie ! s'exclame Sheng.

– Et puis..., poursuit Harvey. Plus je pense au type avec qui j'ai parlé, plus j'ai envie de m'éloigner de lui.

– Oui... S'il connaît Ermete, il doit savoir où il habite. Mais tu veux aller où ?

– À moins que...

Harvey se souvient brusquement du numéro de portable d'Ermete. Il essaye de l'appeler, mais ça ne répond pas.

– Pas de chance.

– Il nous reste deux possibilités.

– Nous mettre à jouer à un des ces fantastiques jeux de société ? propose Sheng.

– Non. Première solution : retourner à l'hôtel. Et clore ainsi la journée.

– Et la deuxième ?

– Nous pourrions...

– Non ! s'exclame Sheng, qui devine ce qu'Harvey a en tête.

– Je n'ai encore rien dit !

– Mais j'ai compris...

Sheng commence à faire nerveusement les cent pas.

– Sheng ? Tu as compris quoi ?

Le jeune Chinois prend son sac et y glisse tout leur équipement.

– Récupérons déjà nos affaires.

– Tu veux entendre la deuxième solution ou pas ?

– Je la connais, soupire Sheng. On retourne ensemble au quartier Coppedè. Et on cherche Mistral.

Harvey jette le carnet de leur amie dans le sac.

– Parfois tu me surprends.

– Hao, murmure Sheng. Mais je t'avertis : pour arriver là-bas, il faut prendre plein de bus. Et on a presque fini le carnet de tickets.

Quelques minutes plus tard, Harvey et Sheng quittent la maison sous un ciel livide annonciateur de neige. Ils jettent des regards soupçonneux alentour. Mais les passants frigorifiés ne s'intéressent pas à eux.

– Comment fait-on pour savoir si quelqu'un est en train de nous suivre ? demande Sheng.

– On reste sur le qui-vive, répond Harvey.

Ils se dirigent vers l'arrêt des bus.

– Harvey ?

– Quoi ?

– Toute cette histoire est palpitante, lâche Sheng. Mais... maintenant... j'aimerais presque que ça finisse.

– Moi aussi.

Derrière eux, le téléphone de l'appartement d'Ermete sonne cinq fois à vide, puis le répondeur s'enclenche : « Harvey ! Sheng ! hurle la voix de l'ingénieur. J'ai vu que vous m'avez appelé ! Rejoignez-nous à la basilique de San Clemente ! Je répète : la basilique de San Clemente ! On l'a peut-être trouvé... le "vous-savez-quoi"... On vous attend ! »

26
L'EAU

La basilique de San Clemente ressemble à un animal couché sous la neige. À l'intérieur, la coquille dorée de l'autel résonne du murmure des touristes et des échos de leurs pas.

Elettra et Ermete entrent par une porte latérale.

– C'est la première fois que je viens ici, dit Elettra. C'est une très belle église.

Ermete lui indique la nef de droite, où se trouve la billetterie.

– J'y suis venu une trentaine de fois, soupire-t-il. Je dois connaître de mémoire toutes les églises de Rome.

Elettra lui adresse un regard perplexe.

– J'étais un enfant de chœur appliqué, explique l'ingénieur. À l'époque où ma mère était encore fière de moi.

La billetterie est fermée, mais Ermete profite de ses vieilles connaissances. Et, après avoir échangé quelques mots avec un prêtre grand et maigre, il se voit confier des clefs qui ouvrent une grande porte.

Derrière la porte, un escalier déploie vers les profondeurs une cascade de marches blanches.

– Où est le mitreo ? interroge Elettra.

– Beaucoup plus bas, répond Ermete.

Sous l'église de San Clemente, il y en a une deuxième, plus ancienne. Une enfilade de lampes s'allume en rafale. Une fois au bas de l'escalier, Elettra a l'impression de pénétrer dans une forêt pétrifiée éclairée par des torches. Voûtes de branches entrelacées. Niches et pierres tombales creusées dans les murs comme dans l'écorce.

Les inscriptions latines se mêlent aux fragments de mosaïque. Fresques délavées par le temps. Images aux couleurs passées.

Et un silence humide.

– C'est là ? demande Elettra, qui parcourt, tel un animal nocturne, cette forêt de briques et de pierres.

– Non. C'est la vieille église. Le mitreo est encore plus bas, explique Ermete en la conduisant dans la nef de gauche, vers un escalier raide comme un puits.

On distingue des traces de colonnes sur le sol, semblables à des défenses sectionnées.

– On doit descendre par ici, dit-il.

Sous l'église souterraine, il y a un troisième temple, sombre et humide.

On entend l'eau couler, tout autour, dans les parois, avec un bruit de source. Elettra a l'impression d'être au cœur d'un fleuve invisible, au courant freiné par la pierre et l'obscurité.

Elle réfrène un frisson.

– C'est de ce côté, si je me souviens bien, dit Ermete en empruntant un couloir au plafond haut et étroit, éclairé par la torche électrique qui projette des lueurs sur les arches dorées.

Il fait froid. Mais, dans l'étreinte moite du fleuve souterrain, Elettra a chaud.

– Nous approchons, murmure-t-elle.

Le mitreo est une pièce étroite et longue, au plafond voûté, agrémentée de sièges en pierre creusés le long des parois. Un autel sculpté, surmonté de quatre petites têtes, se dresse au centre. Elettra l'observe à travers la grille de l'unique porte d'accès.

– C'est le troisième autel, le plus vieux de tous, précise Ermete. Si je ne me trompe pas, on y admire la gravure du dieu Mitra qui se bat contre un taureau. Amusant, non ?

– Si tu le dis, répond Elettra, qui ne voit pas ce que cela a d'amusant.

Ermete s'agenouille devant la serrure de la grille.

« Un autel du Soleil sous terre qui est entouré d'eau. C'est peut-être ça qu'il trouve amusant... », songe Elettra.

– Qui sait ce qu'il avait bien pu lui faire, ce taureau ? murmure Ermete, en détaillant la serrure.

Il sort de sa poche un petit couteau suisse.

– Il fut un temps où je me passionnais pour les cadenas. J'ai alors découvert qu'il n'existait aucune serrure fiable.

– Tu veux la crocheter ?

– On peut dire ça, admet l'ingénieur. Si j'y arrive.

Le petit couteau tourne à vide, puis, soudain la serrure claque.

– Et voilà.

La porte s'entrouvre en grinçant.

– Après vous, madame ! plaisante Ermete, en indiquant la pièce vide.

Elettra respire un grand coup et entre.

– Tu vois quelque chose ? lui demande l'ingénieur en caressant les sièges sculptés dans les parois.

– Non. Mais c'est vraiment très petit.

– Et tu sens quoi ?

– Ça brûle ! s'exclame Elettra.

Ils font deux fois le tour de la pièce.

Sur l'autel, Mitra est représenté sous forme humaine. Tout autour, le sol est glissant, poli par les siècles. Le plafond présente onze ouvertures.

– C'est ici que l'empereur Néron adorait le Soleil ? demande Elettra à voix basse, de peur de perturber l'atmosphère des lieux.

Le contact des bas-reliefs de l'autel lui brûle la peau.

Ermete hausse les épaules.

– Je n'en ai pas la moindre idée. Mais, s'il faut chercher dans un mitreo, on est au bon endroit.

– Nous ne savons même pas ce que nous devons chercher.

– Ni comment. Anneau de Feu ? chuchote Ermete. Anneau de Feu ?

Elettra rit malgré elle.

– Je ne crois pas qu'on puisse l'appeler comme s'il s'agissait d'un chat.

– Et pourquoi pas ?

La pièce ne présente rien de particulier : de la pierre, des ombres et onze niches ménagées dans la voûte. Un autel surmonté par quatre petites têtes. Et l'eau qui coule derrière les parois.

– Si tu n'as pas d'idées, je jette l'éponge, dit Ermete au bout d'un moment.

Il s'appuie contre le mur suintant d'humidité.

– On joue à un jeu dont on ne connaît pas les règles.

– Anneau de Feu... Anneau de Feu..., répète Elettra, immobile dans la pièce. Il fait chaud ici.

– C'est toi qui le dis ! Moi, je me gèle.

La jeune fille s'agenouille et pose ses mains sur les pierres.

Froide. Froide. Froide.

Elle commence à se déplacer, progressant à genoux sur le carrelage.

Froide. Froide. Froide.

– Qu'est-ce que tu fais ?

– Chut, répond Elettra. Tu ne peux pas imaginer toute l'énergie qui s'accumule en moi.

Elle ferme les yeux et se concentre, en gardant les mains appuyées sur la pierre. Elle avance dans le mitreo et ses doigts bougent tout seuls, comme des antennes. Ils sentent d'anciennes traces qui ont résisté au temps.

Froide. Froide. Froide.

Chaude.

– Je le sens... c'est ici, murmure-t-elle.

Elle caresse les pierres proches. Froide. Froide. Froide.

– C'est ici, répète la jeune fille à Ermete.

L'ingénieur s'agenouille à côté d'elle. Il tapote la surface de la pierre avec son petit couteau.

– On dirait qu'elle est creuse, dit-il, dans un filet de voix.

Elettra ne répond pas.

– Je peux essayer de la desceller, suggère Ermete. Mais je ne suis pas sûr d'y arriver.

– Tente le coup, murmure la jeune fille.

Un bruit de pas.

– J'entends quelqu'un arriver..., a juste le temps de dire Ermete.

La porte grince et un homme râblé, vêtu d'un manteau de cuir noir et d'un T-shirt sale, pénètre dans le mitreo.

– Je vous ai... *rrr*... enfin trouvés, hein... *rrr*...! s'exclame-t-il.

Sa voix râpeuse, croassante est amplifiée par un boîtier en plastique noir plaqué contre sa gorge.

– Joe ? s'étonne Ermete. Qu'est-ce que tu fais ici ?

– Disons... *rrr*... que je suis passé écouter... *rrr*... ton... *rrr*... répondeur téléphonique... *rrr*..., siffle Joe Vinile. Et je me suis dit... *rrr*... Tu vas voir que le vieux Ermete... *rrr*... veut tout faire en solo ?

– Ermete ? demande Elettra. Qui est cet homme ?

– Ermete... *rrr*... ? Qui est cette gamine... *rrr*... ? rétorque Joe Vinile en éclatant de rire.

Ermete veut se lever, mais l'homme le cloue au sol avec un luisant pistolet noir.

– Tu ne bouges pas... *rrr*..., intime-t-il en toussant.

Elettra ne comprend pas ce qui se passe.

– Ermete ! s'exclame-t-elle, incrédule.

– Toi... *rrr*... la morveuse... *rrr*... tu restes tranquille... *rrr*... Et sache qu'Ermete... *rrr*... est en train... *rrr*... de tous nous rouler... *rrr*...

– Comment nous as-tu trouvés ? s'étonne l'ingénieur.

Le pistolet de Joe Vinile danse dangereusement en accompagnant ses gestes.

– Explique-moi plutôt une chose... *rrr*... Eux... *rrr*... Ce sont tous... *rrr*... des gamins ?

Ermete acquiesce.

Joe Vinile ricane.

– Et maintenant qui va aller dire... *rrr*... à Mahler... *rrr*... qu'il s'est fait avoir... *rrr*... par une bande d'ados... *rrr*...?

○⊕⊙⊖

Béatrice pénètre dans la chambre de Mistral.

– Allons-nous-en, vite ! lui ordonne-t-elle.

La gamine bondit sur ses pieds.

– C'était quoi, ce coup de feu ?

– Aucune importance ! hurle Béatrice. Il faut partir d'ici. Tout de suite !

Elle retourne dans le couloir, finit d'attacher et de bâillonner Jacob Mahler, puis le traîne par un bras jusqu'à la salle de bains. Elle ouvre la porte d'un coup de pied et soulève le corps du tueur, avant de le faire tomber dans la baignoire.

– Et tu ne bouges pas de là...

– Béatrice ? l'appelle Mistral.

– J'arrive !

La jeune fille regarde Mahler une dernière fois et quitte la salle de bains en courant.

Mistral est immobile dans le couloir. Elle fixe les traces de sang sur le carrelage.

– Tu l'as tué ?

– Je ne crois pas. Mais je l'ai mis hors d'état de nuire pour un bon moment, murmure Béatrice. Maintenant, il faut faire une dernière chose. Toi, prends ça !

Elle lui montre l'étui du violon.

– Et moi... j'appelle un ami.

Elle court dans une autre pièce, récupère une enveloppe jaune pleine de photographies imprimées sur ordinateur et revient dans la chambre de Mistral.

– Quelques preuves..., dit-elle en éparpillant les photos sur le sol. Sans oublier les autres pièces...

Elle en laisse deux dans l'enveloppe.

– Pour parer à toute éventualité.

Elle considère Mistral.

– Tu es prête ?

– Oui.

Elles descendent l'escalier à toute vitesse.

Une fois dehors, Béatrice indique à Mistral la Mini jaune garée le long du trottoir.

Elle prend le portable dans sa poche et compose le numéro des carabiniers.

Les ombres de l'après-midi, qui s'étirent, tels des nuages noirs, donnent un aspect fantastique à l'arche du quartier Coppedè, qui semble séparer le monde des bons et celui des méchants.

– Tout va bien ? demande Harvey à Sheng.

– J'ai mal au bras, mais ce n'est pas grave, gémit-il en serrant les dents.

– On continue ?

– On n'est pas revenus jusqu'ici pour rien...

Les deux adolescents franchissent l'arche. Une fois qu'ils sont passés de l'autre côté, rien n'a à première vue changé : le même air mordant, les mêmes gens pressés et la même neige entassée. Mais les immeubles qui se dressent tout autour d'eux ont une autre allure.

– Tu comprends ce que je voulais dire ?

– C'est étonnant, répond Harvey.

– C'est tout l'effet que ça te fait ? Bon, changeons de sujet... Si Ermete est l'un d'*eux*, il y a une chose qui ne colle pas. Le coup de téléphone d'hier, dans l'appartement du professeur.

– Et pourquoi ?

– Parce que, dans ce cas-là, il n'aurait pas appelé. Il aurait déjà su que le professeur était mort.

Harvey acquiesce, admiratif.

– Tu as raison, dit-il. Tu as parfaitement raison.

Sheng indique une rue bordée d'arbres.

– Voilà. C'est cette maison.

Le pavillon a encore les fenêtres fermées et les persiennes baissées. Un vent glacé souffle entre les arcades vides. Vu de l'extérieur, il présente une géométrie qui échappe à toute logique.

Les deux adolescents longent le jardin clôturé par une grille en fer forgé. Des arbres tordus, racornis par le froid, sont plantés dans la neige, tels des squelettes.

À l'autre extrémité, un portail noir grince sous le vent.

– C'est ouvert, dit Harvey.

Une allée enneigée conduit à un patio agrémenté de deux petites colonnes jaunes.

– La porte d'entrée a l'air ouverte, elle aussi, ajoute Harvey.

– Ce n'est pas normal, murmure Sheng. Tout à l'heure, elle ne l'était pas.

Harvey franchit le portail en gardant les yeux fixés sur l'entrée.

Le cœur de Sheng bat la chamade.

Harvey s'immobilise à quelques mètres de la porte entrouverte.

Il y a une sonnette.

Il la presse.

27
LA PIERRE

Dans les profondeurs de la basilique de San Clemente, trois personnes déplacent en peinant une vieille pierre. Elle oscille telle une dent branlante.

Le temps passe lentement, sans que personne vienne les déranger.

Au bout de longs efforts, la pierre finit par céder, révélant une petite niche. Un espace plein de poussière, grand comme une boîte à chaussures. Tout juste suffisant pour emprisonner un rat.

Joe Vinile lève son pistolet. De sa voix croassante, il intime à Ermete de s'écarter. Puis il pointe l'arme sur Elettra.

– Regarde... *rrr*... ce qu'il y a à l'intérieur... *rrr*... !

« Des rats pris au piège », pense Elettra en s'agenouillant près de la niche.

Il y a de la poussière. Ses mains sont aussi chaudes que des lampes. Sous la poussière, encore de la poussière. Et, en dessous, des bandelettes en lin.

○⊕⊙⊖

– Il y a quelqu'un ? demande Harvey, en poussant lentement la porte d'entrée du pavillon.

Au-delà du seuil s'ouvre une pièce sombre avec un escalier qui grimpe à l'étage, deux tableaux aux murs, une petite table et une lampe éteinte.

Un vent froid hulule le long des marches.

Harvey répète sa question, puis entre. Le hall s'ouvre sur d'autres pièces. Les portes sont en forme d'arche. Les plafonds, peints en bleu. Harvey se retourne. Sheng le rejoint, tout pâle.

– Tu as peur ?

– J'en ai bien peur.

– Que fait-on ?

– Je ne sais pas.

Sheng regarde autour de lui.

– La toupie nous a prévenus pour le chien de garde... Mieux vaut ne pas le déranger.

Harvey observe les escaliers qui conduisent à l'étage supérieur.

– On grimpe ?

○⊕⊙⊖

Elettra est accroupie sur le sol du mitreo. Sous la poussière, ses doigts effleurent un objet, long et mince, enveloppé avec soin dans de vieilles bandelettes de lin. Il est disposé en travers dans la niche.

– Alors... *rrr...*? demande Joe Vinile, impatient.

Autour d'eux, l'eau coule bruyamment dans les murs.

À l'autre coin de la pièce, Ermete, nerveux, se ronge les ongles.

Elettra est étonnée par la légèreté de l'objet. Ses mains brûlent. Elle pose le paquet de tissus sur le sol de la pièce en tremblant.

Il est cacheté par un sceau doré.

– Alors... *rrr...*? croasse Joe Vinile.

Sa voix a le même effet qu'une pincée de sel sur une blessure.

– Enlève... *rrr...* ces bandelettes... *rrr...* !

Elettra se tourne vers Ermete, mais l'ingénieur a le regard perdu dans le vide.

– Qu'est-ce que tu attends... *rrr*...? renâcle Joe. Fais voir... *rrr*... ce qu'est ce satané... *rrr*... machin !

Elettra touche à peine le sceau en forme d'anneau. Elle le malmène le moins possible. Juste ce qu'il faut pour défaire les bandelettes.

À l'intérieur, il y a un objet circulaire, en métal.

Elettra enlève fébrilement les dernières bandelettes.

Puis elle le soulève.

C'est un miroir.

○⊕⊙⊖

Au premier étage du pavillon, un couloir débouche sur quatre portes. L'une d'elles s'ouvre sur une petite chambre à coucher au plafond bleu avec une unique fenêtre aux volets clos. Les dernières lueurs du jour filtrent à travers leurs lames.

Le lit défait est recouvert de photographies.

– Celui qui a dormi ici est parti il y a peu, observe Harvey.

Sheng prend quelques photos, puis laisse échapper un cri :

– Le professeur !

Harvey récupère les photos et les détaille. Elles sont toutes identiques : Alfred Van Der Berger étendu sur le sol, sans vie. Et, debout à côté de lui, l'homme au violon.

Un frisson terrasse les garçons.

– Il faut partir d'ici, décide Sheng.

Harvey sort de la chambre. Une traînée de sang serpente sur le sol du couloir jusqu'à la salle de bains.

– Harvey, insiste Sheng, il n'est pas prudent de rester ici.

La gorge nouée, Harvey suit la trace rouge.

La porte de la salle de bains est ouverte. Il y a un grand miroir, un lavabo et une baignoire masquée par un rideau en plastique.

Le sang disparaît dans la baignoire.

Harvey s'approche très lentement et fait glisser le rideau.

– Harvey..., murmure Sheng, resté dans le couloir.

Puis, dès qu'il entend son ami crier, il hurle :

– Harvey ! Harvey !

28
L'ANNEAU

Le pistolet de Joe Vinile ondule, tel un serpent devant les yeux d'Elettra.

– Fais-moi voir ça... *rrr*...! s'exclame l'homme en la poussant.

Il a le front emperlé de sueur et les cheveux collés sur son crâne lustré. Il s'agenouille péniblement et pose ses doigts moites sur le miroir.

– Que... *rrr*... ça...... *rrr*...? commente-t-il.

Il le tourne dans tous les sens, l'air perplexe.

– Qu'est-ce que c'est que ce truc?

Il s'approche d'Ermete. L'objet projette des lueurs d'argent craquelé et de mercure. C'est un vieux miroir concave, avec la partie réfléchissante guère plus grande qu'un petit melon. Ses contours sont irréguliers, comme s'il n'était que l'éclat d'un miroir plus grand. Encastré dans une moulure en bronze.

– L'Anneau de Feu, répète Ermete.

Elettra n'ose pas le regarder. « C'est un miroir », pense-t-elle.

– Un miroir... *rrr*... brisé... *rrr*... ! s'exclame Joe Vinile.

Son corps grassouillet est agité par une série de ricanements convulsifs. Il le pose par terre et se redresse avec difficulté.

– On a... *rrr*... fait tout ça... *rrr*... uniquement pour trouver... *rrr*... un miroir... *rrr*... brisé... *rrr*... ? Ho ! ho ! ho ! Si Little Linch... *rrr*... savait pourquoi il est mort... *rrr*... ! Un stupide... *rrr*... miroir... *rrr*... !

– Un miroir, murmure Ermete.

Puis il ajoute, comme en transe :

– La lumière qui devient feu. La vie qui devient destruction. Pourquoi n'y ai-je pas pensé plus tôt ?

– Qu'est-ce que tu... *rrr*... déblatères ? croasse Joe Vinile.

Ermete dévisage Elettra, le regard vibrant d'émotion. Mais, cette fois-ci, c'est elle qui fixe le vide. Ses noirs cheveux bouclés dressent une barrière infranchissable autour de son visage.

L'ingénieur continue à se parler à lui-même.

– C'est ce qu'a utilisé Prométhée pour voler le feu aux dieux ! Un simple miroir concave. Juste ce qu'il faut pour concentrer les rayons du soleil et transformer la lumière en feu.

– Et alors... *rrr*... ? intervient Joe Vinile.

Mais Ermete est intarissable.

– Je comprends maintenant toutes ces références, ces citations incompréhensibles qu'Alfred a essayé de relier entre elles. Cette histoire de l'Anneau de Feu qui réapparaît tous les cent ans... et qui passe de main en main. Des anciens Chaldéens qui adoraient le feu aux Grecs qui ont inventé le mythe de Prométhée, de la Grande Grèce d'Archimède qui a utilisé les miroirs pour défendre Syracuse contre les Romains, aux Romains eux-mêmes qui ont apporté le miroir jusqu'ici. Tu me suis, Elettra ? Néron ne brûle pas Rome de nuit, mais en plein jour... Avec ça !

Joe Vinile soupire.

– Tu veux dire... *rrr*... que ce... *rrr*... bout de verre... *rrr*... a une certaine valeur ?

– Il peut avoir une valeur immense, répond Ermete. Ou bien aucune valeur.

Elettra se tait. Ne regarde pas. Elle pense.

À Ermete, et à Harvey, et à Sheng, et à Mistral.

Au professeur.

Au miroir.

Elle pense que l'Anneau de Feu est un miroir concave. Peut-être le plus vieux du monde. Peut-être le premier. C'est le miroir du feu, et elle ne brûle que d'un seul désir : sortir de là.

Aller dehors. Sous le ciel étoilé.

Joe Vinile retourne le miroir du bout du pied. Une inscription et un dessin sont gravés sur la monture en bronze.

– Et ça... *rrr* ? C'est quoi ? Une comète... *rrr...* ? Et ça... *latinorum* ? Toi qui as fait des études... *rrr...* ça veut dire quoi... *rrr* ?

Ermete veut prendre le miroir, mais Joe l'éloigne du pied.

– Regarder... *rrr...* mais pas toucher... *rrr...* !

Ermete plisse les yeux dans l'obscurité. Il lit la phrase gravée au dos du miroir et laisse échapper un sourire.

– Qu'est-ce qui te fait rire... *rrr...* ?

– Le professeur avait vu juste, murmure l'ingénieur en cherchant une nouvelle fois le regard d'Elettra. C'est une phrase de Sénèque, extraite de son livre sur les comètes.

– Et que dit-... *rrr...* elle ?

– « Il y a une raison invisible derrière le monde visible. »

– Ça ne veut... *rrr*... rien dire ! explose Joe Vinile.

– C'est faux, intervient Elettra, en pivotant brusquement.

Ses cheveux s'agitent sous un début de tempête.

Et ses yeux sont jaunes.

○⊕⊙⊖

Un homme est étendu dans la baignoire. Il a les chevilles et les poignets ligotés, un bâillon en latex sur les lèvres et la poitrine couverte de sang.

– Harvey ! hurle Sheng, en faisant irruption dans la salle de bains et en prenant son ami dans ses bras. Tu vas bien ?

Le garçon acquiesce.

– C'est lui, n'est-ce pas ? murmure Sheng.

– C'est l'homme au violon, confirme Harvey dans un souffle. Mais que fait-il là-dedans ?

– Il est mort ?

L'homme a les yeux fermés et a perdu beaucoup de sang. La baignoire est entièrement tachée de rouge.

– Je crois que oui.

Harvey s'approche.

– Que fais-tu ? s'exclame Sheng.

– Je veux juste vérifier...

– Laisse tomber, Harvey ! Partons d'ici !

Le jeune Américain fait un second pas vers la baignoire. Puis un troisième. Il ne détache pas ses yeux du visage immobile de l'homme.

– Reviens ! le supplie Sheng.

Harvey avance encore d'un pas, se penche et lui touche un bras du bout des doigts.

Puis, raidi par la tension, il fait un demi-pas en arrière. Il se tourne pour regarder Sheng et chuchote :

– Oui... il est mort.

Une main tente alors brusquement de l'attraper par la taille. Harvey n'a même pas le temps de se retourner.

– Attention, Harvey ! crie Sheng de toutes ses forces.

L'homme au violon a ouvert les yeux.

Harvey trébuche dans le rideau en plastique, faisant sauter tous les anneaux. Il glisse et tombe sur le carrelage.

– Non ! hurle Sheng en se précipitant pour l'aider à se relever.

L'homme au violon se débat dans la baignoire, essayant de se libérer. Les garçons n'hésitent pas une seconde de plus.

Ils se précipitent hors de la salle de bains. Traversent le couloir, descendent les escaliers, franchissent la porte d'entrée et courent le long de l'allée.

Ils ne s'arrêtent même pas après avoir franchi le portail.

Même pas après avoir dépassé l'arche.

Ils ne s'arrêtent pas et s'enfuient à toute vitesse.

○⊕⊙⊖

En voyant les yeux jaunes d'Elettra, Joe Vinile recule vers la sortie du mitreo.

– Hé... *rrr*... petite... *rrr*... Bon sang... *rrr*... qu'est-ce qui t'arrive... *rrr*...? croasse-t-il.

Dès qu'il atteint la porte, une ombre se dresse derrière lui. Une ombre avec un éclat doré dans les cheveux.

Joe lâche une sorte de grognement et tourne la tête.

– Et toi... *rrr*... qui diable... *rrr*... es-tu ?

Un instant plus tard, Ermete lui vole dans les plumes. Il lui donne un coup de poing que Joe Vinile encaisse comme s'il s'agissait d'une caresse. Ermete tente un second crochet, mais Joe le charge tête baissée et le bloque contre le mur du mitreo.

Ils s'emmêlent tous deux en une lutte grotesque, avec Joe qui lance des coups de tête et Ermete qui essaye de le soulever par la taille.

Elettra fixe la Bohémienne d'un air stupéfait.

– Petite, je suis venue te dire que ta ligne de vie est encore très longue, lâche la femme.

– Faites quelque chose ! gémit Ermete en martelant le dos de Joe Vinile.

– Arrêtez ! hurle Elettra.

Mais ils continuent à se battre comme si de rien n'était.

– Faites attention avec ce pistolet ! crie encore la gamine.

Joe Vinile paraît alors se rendre compte qu'il a effectivement un pistolet. Il se dégage facilement de la prise maladroite d'Ermete et fait un pas en arrière.

Il ouvre la bouche pour dire quelque chose, mais, sans le boîtier d'amplification qu'il a perdu pendant la bagarre, sa voix n'est qu'un amas indifférencié de sons gutturaux.

Il lève le pistolet au-dessus de sa tête et fait un second pas en arrière.

Erreur.

Son pied s'encastre dans la cavité et il perd l'équilibre. Sa tête rebondit en un bruit sourd contre l'autel de Mitra. Le pistolet tombe à terre avec un tintement métallique.

Un long silence s'abat sur la pièce.

La Bohémienne est toujours immobile sur le pas de la porte, emmitouflée dans sa cloche de manteaux.

Ermete respire péniblement en comptant les côtes qui lui paraissent encore intactes.

– Elettra ? demande-t-il. Tu vas bien ?

– Oui... Enfin, je crois. Et toi ?

L'ingénieur tousse un peu, puis se dirige, titubant, vers Joe Vinile.

– Il s'est évanoui, dit-il.

Il écarte le pistolet d'un coup de pied.

– Il faut partir d'ici tout de suite...

Ermete cherche le miroir, mais la Bohémienne jaillit et s'interpose entre lui et l'Anneau de Feu.

– Pas toi, ordonne-t-elle en levant la main.

L'homme se masse les os.

– Pas moi... *quoi* ?

– Ce n'est pas toi qui dois prendre l'anneau, explique la Bohémienne. Mais elle.

Ermete secoue violemment la tête.

– Écoute... tu ne vas pas t'y mettre toi aussi, d'accord ! Quelle importance de savoir qui va le prendre ! s'exclame Ermete.

– L'anneau est à celui qui le porte. Et le miroir à celui qui doit se regarder, répond la Bohémienne, inflexible.

– Je ne veux pas me regarder ! proteste Elettra.

– Le miroir te reflète même si tu as les yeux fermés, lui rappelle la femme.

Ermete les observe sans comprendre.

– Vous êtes de mèche ou c'est moi qui suis fou ?

Elettra s'approche.

– Tu es l'un d'*eux* ? demande-t-elle à brûle-pourpoint.

29
LA TRAHISON

– Pourquoi tu t'arrêtes ? demande Mistral à Béatrice.

La jeune femme gare la Mini jaune contre le trottoir.

– Il reste encore une chose à faire, dit-elle, énigmatique.

Elle fait signe à Mistral de descendre et longe avec elle une étroite ruelle. Leur souffle se condense en vapeur.

– Il va nous suivre ? s'inquiète Mistral.

– Non. Il ne peut pas nous suivre, répond Béatrice. Enfin, je ne crois pas.

Ses lèvres sont devenues couleur prune et une douleur de plus en plus insistante pulse dans ses tempes.

Rome est plongée dans la dernière nuit glacée de décembre. La nuit de la Saint-Sylvestre.

– Tu sais pourquoi on l'appelle comme ça ? veut savoir Mistral.

– Comme ça, quoi ?

– La nuit de la Saint-Sylvestre.

Elle parvient même à sourire.

– En fait, quand j'entends Sylvestre, la seule chose qui me vienne à l'esprit, c'est le chat blanc et noir qui essaye toujours de capturer Titi.

Cette anecdote amuse aussi Mistral.

– Alors efforçons-nous d'être aussi futées que Titi. Et de ne pas nous faire capturer.

Béatrice acquiesce et soulève le couvercle d'une poubelle.

– Allez, Mistral... Il est temps de faire le ménage.

Mistral jette l'étui à l'intérieur.

– Et va au diable ! s'exclame Béatrice en refermant le couvercle.

Dans son corps, l'adrénaline se dissout brusquement, comme de la neige fondant sous l'eau chaude. Si elle ne bouge pas tout de suite, elle risque de s'écrouler. Elle doit partir, loin, avant de réaliser ce qu'elle vient de faire.

– OK, dit-elle.

Mistral la regarde de ses grands yeux liquides.

– Et maintenant ?

– On grimpe dans la voiture et je te ramène chez toi.

– Et toi ?

– Ne te fais pas de souci pour moi, dit-elle. Je sais ce que j'ai à faire.

Ce n'est pas vrai. Mais c'est déjà bien de le dire.

○⊕⊙⊖

Ermete a les yeux écarquillés. Les lèvres qui tremblent. Les mains pressées sur son abdomen douloureux.

– Tu es l'un d'*eux* ? lui demande à nouveau Elettra.

– Comment peux-tu penser une chose pareille ?

– Cet homme est un de tes amis.

– C'est juste une connaissance.

– C'est l'un d'*eux*.

– Et comment pouvais-je le savoir ? explose Ermete. Je n'ai aucune idée de qui espionnait le professeur... ou moi !

– Et qu'est-ce qui m'oblige à te croire ?

– Tu me crois, c'est tout.

– Fais voir ta main à la Bohémienne, propose Elettra.

Ermete de Panfilis ouvre grand les yeux.

– Mais qu'est-ce que tu racontes ! s'exclame-t-il. Ça va changer quoi de lui faire voir ma main ? On ferait mieux de sortir rapidement d'ici avant que Joe ne reprenne ses esprits !

– Tu as peur ?

– Même pas en rêve ! proteste-t-il, interdit. Bon sang, Elettra ! s'écrie-t-il, en réalisant que la gamine parle sérieusement. Tu veux aussi mon signe zodiacal ? Et pourquoi pas l'ascendant ?

– Il lui suffit de lire les lignes de ta main.

– Elettra !

Mais il finit par tendre la main à la Bohémienne avec un soupir d'exaspération.

– Qu'est-ce que tu vois ? l'interroge la jeune fille.

– Qu'est-ce que tu veux qu'elle voie à part une main recouverte de poussière ? grommelle Ermete.

À ses pieds, Joe Vinile lâche un grognement.

– Qu'est-ce que tu vois ? insiste Elettra.

– Elle a sûrement repéré que j'avais falsifié la signature de mes parents pour une absence au lycée ? ironise Ermete. Et ce légendaire week-end où j'ai donné rendez-vous à deux filles en même temps sans qu'elles s'en rendent compte ?

La femme secoue la tête.

En la voyant si concentrée, Ermete cherche à se libérer.

– Ne raconte pas de bêtises, hein ?

– Qu'est-ce que tu vois ? demande Elettra pour la troisième fois.

La Bohémienne affiche un sourire placide.

– Je vois une main qui n'a jamais travaillé un seul jour dans sa vie.

– Et j'en suis fier ! rétorque Ermete.

– Ainsi qu'une interminable série de mensonges...

Elettra et Ermete se raidissent.

– Mais ils sont sans importance. Des plaisanteries et... des jeux. Des blagues de gamins, conclut la Bohémienne.

– Et vive la sincérité ! s'exclame l'ingénieur en libérant un profond soupir. On peut y aller maintenant ?

– Alors ce n'est pas l'un d'*eux* ?

La Bohémienne sourit.

– À moins qu'ils ne pensent qu'à jouer, je dirais non.

Ermete se penche pour prendre l'Anneau de Feu et le tend à Elettra.

– Tiens, avant que *madame* ne s'énerve !

– Excuse-moi, dit la jeune fille.

– Pas de problème, répond Ermete. C'est juste que... je ne m'y attendais pas.

Elettra se dresse sur la pointe des pieds pour l'embrasser.

– Je suis vraiment désolée, Ermete. Mais je ne sais plus à qui me fier.

– En tout cas, il faut partir d'ici ! dit-il en lui rendant son baiser.

○⊕⊙⊖

Harvey et Sheng courent à perdre haleine, sans s'arrêter. Harvey file devant. Il décide instantanément où et quand tourner, et s'oriente dans les rues de Rome sans la moindre hésitation.

Et sans jamais regarder derrière eux.

Ils courent pour mettre le plus de distance possible entre eux et l'homme aux cheveux blancs. Et, malgré le verglas qui rend dangereux chaque pas, ils ne ralentissent jamais, y compris dans les virages, évitant de justesse quelques passants imprudents.

Quand ils retrouvent enfin leur calme, la ville ressemble de nouveau à Rome. Les créneaux du quartier Coppedè ont cédé la place aux coupoles blanches, aux rangées de colonnes monumentales et aux successions d'arcades. Ils voient les ruines de l'Empire, fièrement éclairées par d'étonnantes lumières.

Rome les protège et les cache.

Mais la ville est trop grande et trop ancienne pour qu'ils continuent à la défier de cette manière.

Ils ont besoin d'un endroit sûr où pouvoir se reposer.

Un lieu où personne ne peut les atteindre.

La Domus Quintilia.

○⊕⊙⊖

Jacob Mahler parvient à se hisser hors de la baignoire et reste étendu sur le carrelage froid de la salle de bains. Il arrache son bâillon avec les dents et se traîne vers le lavabo, pieds et mains encore liés. La douleur lui déchire la poitrine.

Il réussit à se mettre à genoux, puis debout d'un coup de reins. Il s'agrippe au rebord du lavabo. Se redresse. Le miroir lui renvoie les contours de son visage.

Il a l'allure d'un crâne.

– Ne crois pas que ça va se terminer comme ça, dit-il en serrant les dents face à son reflet. Je ne te laisserai pas en paix.

Sa tête résonne comme un tambour. Sa blessure à la poitrine l'empêche de respirer.

Il se déplace gauchement vers la petite armoire à côté du miroir, l'ouvre, saisit du bout des doigts sa trousse de toilette et la jette dans le lavabo en renversant son contenu. Il récupère son rasoir au milieu des flacons en plastique et glisse le manche entre ses dents. Puis il lève les poignets et entreprend de cisailler les lacets contre la lame, les effilochant un peu plus à chaque passage.

Une minute plus tard, il est libre. Il crache le rasoir et se dénoue les chevilles.

Il respire à grand-peine, la poitrine ensanglantée.

Il titube hors de la salle de bains. Inspecte la chambre de Mistral. Vide. Ou plutôt non. Pleine de photos éparpillées un peu partout.

Il connaît ces photos. Il a lui-même demandé de les faire pour le journal. Ce sont celles d'Alfred Van Der Berger.

– AAAARGH ! hurle-t-il en déchirant les draps et en les traînant le long du couloir.

S'occuper d'abord de la blessure. Puis de la gamine.

En arrivant dans la salle de bains, il entend quelques notes d'une chanson.

You're beautiful, de James Blunt.

La mélodie provient des draps. Jacob Mahler s'agenouille et libère un portable.

C'est celui de Mistral.

– Allô ?

– Bien réveillé ? le salue la voix de Béatrice. Tu as déjà jeté un coup d'œil à l'extérieur ?

Mahler retient son souffle.

– Tu es fini, Jacob, poursuit la jeune femme. Je crois qu'on vient de débusquer le tueur du Tibre.

– Tu n'as pas pu faire ça..., murmure-t-il en descendant précipitamment les marches.

Il ouvre la porte d'entrée.

Et s'immobilise, aveuglé par la lumière bleue d'un projecteur. Deux voitures sont garées devant le pavillon.

– Pas un geste ! lui intime un carabinier. Les mains en l'air !

Jacob Mahler écarquille les yeux. Il sait reconnaître le bruit de pistolets que l'on arme. Mais il ne lève pas les mains.

Il referme la porte derrière lui et grimpe de nouveau à l'étage, la poitrine en feu. Il récupère sa valise et en sort le téléphone satellitaire d'urgence.

Il entend les voix des carabiniers qui se positionnent tout autour de la maison.

– Sors ! Les mains en l'air !

Les lumières des projecteurs clignotent à travers les persiennes closes.

Jacob allume son téléphone. Il n'a que trois chiffres actifs.

Il les compose.

6-6-6.

Avec n'importe quelle autre combinaison, le téléphone explose.

Puis il porte le mobile à son oreille tandis que les carabiniers défoncent la porte d'entrée.

– Allez..., murmure Jacob.

Grésillement. Grésillement.

– Allez...

Grésillement.

Le satellite reçoit le signal d'appel, le renvoie à Shanghai, le dirige vers un gratte-ciel de cristal noir dans lequel personne ne peut pénétrer sans autorisation.

Première sonnerie.

Un carabinier commence à grimper les marches.

Seconde sonnerie.

Jacob s'éloigne dans le couloir, vers la fenêtre à hublot.

Troisième sonnerie.

Il regarde par la fenêtre le jardin enneigé.

Quatrième sonnerie.

Aucune réaction. Des pas dans l'escalier.

Sixième sonnerie.

– Devil, répond une voix dans le portable.

Guère plus qu'un sifflement de serpent. Tranchante comme l'ongle d'un dragon.

– Jacob. Ils m'ont eu.

Le carabinier arrive en haut de l'escalier en position d'assaut, le pistolet pointé devant son visage.

– Halte ! hurle-t-il. Pas un geste !

Jacob coupe la communication.

Il n'est pas sûr que le diable enverra quelqu'un pour l'aider. En attendant, il est préférable de se préparer à l'enfer.

– Mains en l'air ! répète le carabinier. Jette-le par terre !

Jacob Mahler lève lentement les mains.

Ses doigts composent trois chiffres au hasard sur le portable.

– Comme tu veux ! crie-t-il au carabinier.

Il lance l'appareil dans le couloir. Compte jusqu'à cinq.

Et le couloir explose en une gerbe de flammes.

30
EXPLOSIONS

Béatrice gare la Mini rue de l'Arco Antico. Le moteur fume dans la nuit.

– Tu dois passer sous cette arche, tourner à droite, explique-t-elle à Mistral, et tu arrives place in Piscinula. De là, tu pourras trouver l'hôtel toute seule.

La gamine acquiesce. Elle se penche pour l'embrasser sur la joue.

– Merci pour tout ce que tu as fait.

Béatrice lève une main avec une feinte indifférence.

– De rien. Je te l'avais promis.

Mistral ouvre la portière et met un pied dans la neige.

– Fais attention, lui recommande encore Béatrice.

– Tu es sûre de ne pas vouloir venir avec moi ? demande la jeune fille. On pourrait tout raconter à ceux de l'hôtel et...

– Je ne peux pas. Ce n'est pas un endroit pour moi, l'interrompt Béatrice.

– Pourquoi ça ?

– Je ne suis pas quelqu'un de bien...

– Tu te trompes.

– Ne le dis pas trop fort.

Béatrice a l'impression que l'intérieur de son propre corps est sur le point de se briser.

– Ou je pourrais changer d'avis.

Mistral descend de la Mini.

– Donne-moi de tes nouvelles, si tu en as envie.

– Je le ferai, promet Béatrice.

Elle regarde la jeune fille s'éloigner, lui fait un dernier signe, puis enclenche la première. Les larmes lui montent aux yeux. La ceinture de sécurité l'étouffe.

Elle ne sait pas où aller.

Elle ne sait pas quoi faire.

Elle sait juste qu'elle a fait ce qu'il fallait.

Elle rejoint le Tibre, franchit le pont Quattro Capi, puis prend la rue qui longe la pyramide. De là, elle descend au Colisée et atteint les lumières de la rue du Corso et le bruit des boutiques nocturnes. Il est presque minuit, et c'est un nouvel an difficile.

Elle allume la radio et monte le volume en espérant pouvoir se relaxer.

Les lumières de la ville glissent autour d'elle.

Elle savoure la route qui file sous les roues.

Elle vérifie l'heure. Plus que quelques minutes.

– Nouvelle année... Nouvelle vie, murmure-t-elle, attendant l'explosion de sons et de lumières qui accompagne les douze coups de minuit.

La capitale du monde antique retient son souffle. Des milliers de personnes ont allumé leurs télévisions pour synchroniser leurs horloges. Elettra, Ermete et la Bohémienne émergent des profondeurs de San Clemente dans un silence irréel. Les dernières minutes de l'année.

Des guirlandes colorées flottent entre les immeubles. Les illuminations projettent des lueurs intermittentes. La lumière des téléviseurs miroite sur les fenêtres. Derrière les vitres, il y a des éclats de rire, des mains qui se cherchent et des bises prêtes à claquer.

– C'est le jour de l'an le plus étrange de ma vie, dit Elettra en marchant dans la ville frémissante, l'anneau entre les mains.

Les premières fenêtres commencent à s'ouvrir. Les voix des présentateurs télé résonnent entre les immeubles.

– À qui le dis-tu ? sourit Ermete. Je n'ai jamais passé un nouvel an avec deux femmes.

Puis il s'adresse à la Bohémienne :

– Et toi ? Tu vis aussi quelque chose d'unique ?

La femme ne répond pas : elle marche devant eux d'un pas vif, habituée depuis longtemps à sillonner la ville à pied et à voir les autres festoyer.

Des fenêtres ouvertes jaillit le compte à rebours des derniers instants de l'année. Ils s'arrêtent tous les trois pour écouter les milliers de voix scandant à l'unisson les secondes qui les séparent de minuit.

La Bohémienne se tourne vers Elettra et dit :

– C'est le moment. Quelque chose d'important doit être fait.

Les secondes filent à toute vitesse.

C'est la nuit de tous les souhaits. La nuit de la Saint-Sylvestre, du nom du pape qui célébra la messe du dernier jour de l'an 999, veille d'une fin du monde annoncée.

Après cette nuit-là, tout changea.

Elettra fixe la Bohémienne.

– Il est temps que le monde change à nouveau, insiste cette dernière.

Elettra. *Koré Kosmou.* La Vierge du monde.

C'est elle qui doit décider. C'est elle qui doit utiliser l'Anneau de Feu. Elle doit le faire maintenant.

Ou bien s'y refuser.

Les secondes défilent. Le compte à rebours s'amplifie, comme un appel.

Les mains d'Elettra décachettent le sceau et retirent les bandelettes.

– Regarde ! dit la Bohémienne.

Ermete sourit.

Et Elettra lève le miroir pour regarder.

○⊕⊙⊖

Les ampoules clignotantes des guirlandes sont les premières à sauter. Elles blanchissent et éclatent l'une après l'autre, comme du pop-corn. Puis c'est au tour des lampadaires, qui crachent des flammes blanches. L'énergie se propage comme une vague, transforme les écrans télé en feuilles incandescentes, les lustres en supernovæ, fait vibrer les résistances des appareils électroménagers et fondre les lampes au néon. Un grand éclair blanc court à travers la ville, rayonnant depuis San Clemente en une unique explosion de lumière qui les enveloppe, telle une bourrasque de vent.

Puis brusquement la lumière disparaît. Les fusibles et les disjoncteurs commencent à sauter en rafale dans chaque rue, dans chaque immeuble, dans chaque quartier. Leurs claquements battent la mesure avec les bouchons de mousseux et les premières réjouissances.

Les éclats de rire se coincent dans les gorges. Le mousseux s'épanche en rivières silencieuses. Après le blanc absolu qui l'a éclairée, telle une étoile, la capitale plonge d'un coup dans un immense vortex noir.

– Elettra ? demande la voix d'Ermete au terme d'un interminable instant. Elettra, tout va bien ?

L'adolescente ouvre les yeux. Ermete est penché au-dessus d'elle.

– Que s'est-il passé ?

– Tu t'es regardée dans l'Anneau de Feu. Il y a eu une gigantesque explosion de lumière… puis tu t'es évanouie.

Elettra se sent faible et vidée.

– Je ne me souviens de rien.

Elle tend les mains autour d'elle. Métal froid. Elle est assise dans le side-car d'Ermete.

– Tu peux tenir le coup jusqu'à l'hôtel ?

Elettra regarde les fenêtres des immeubles qui l'entourent. Les lueurs des téléviseurs ont laissé place à la lumière tremblante des bougies.

Des milliers et des milliers de bougies, allumées sur tous les rebords de fenêtres.

– Pourquoi toutes ces petites lumières ? s'étonne la jeune fille.

– Il y a eu une panne de courant, répond Ermete. Comme une surcharge d'électricité.

Elettra observe la rue et voit la Bohémienne qui effectue une danse muette et silencieuse.

– Que fait-elle ?

– Aucune idée, murmure Ermete. Elle a l'air heureuse, en tout cas.

– Demande-lui ce qu'elle a vu sur ma main. Tu veux bien ?

Ermete hausse les épaules.

– Je ne suis pas sûr qu'elle veuille me répondre.

Il s'éloigne du side-car. Elettra contemple le spectacle de la rue.

Quand elle se retourne, Ermete est seul.

– Dès que je lui ai posé la question, dit l'ingénieur en revenant au side-car, elle a éclaté de rire, elle m'a susurré la réponse à l'oreille, puis s'est enfuie en courant.

– Et qu'est-ce qu'elle t'a dit ?

– Qu'elle a vu une étoile. Et qu'en te regardant dans le miroir, tu l'as appelée.

31
LE NOUVEL AN

Fernando Melodia est allongé sur le canapé de la Domus Quintilia, avec deux côtes cassées.

Linda ne perd aucune occasion pour lui rappeler sa déconvenue.

– Ça te fait mal, le coup que t'a donné cette crapule ?

Ça ne lui ferait pas si mal, si elle ne la ramenait pas autant.

Il soupire.

C'est une matinée très étrange. Depuis que le courant est revenu, les journaux télévisés ne parlent que de la seconde panne d'électricité de la ville : une perte totale d'énergie qui a obligé les Romains à faire la fête à la lumière des bougies. Même à la table du Président. Ou dans les soirées huppées. Ce qui n'a pas été pour déplaire à tout le monde : la ville était plongée dans une ambiance surgie du passé. Certains ont même proposé d'en faire une coutume pour fêter le nouvel an. Les politiques accusent les ingénieurs, qui accusent les politiques.

En attendant, le courant a été rétabli.

« Mais la panne, pense Fernando, est peut-être moins étrange que l'état dans lequel les gamins sont revenus à l'hôtel. »

Y compris Mistral.

Avant que leurs fils ne réapparaissent, les parents d'Harvey et le père de Sheng étaient prêts à les punir de façon exemplaire, mais dès qu'ils les ont vus franchir le portail, épuisés et épouvantés, ils se sont empressés de les prendre dans leurs bras.

Lorsque Mistral est arrivée, Harvey et Sheng se sont presque évanouis de joie. Ils l'ont embrassée et assaillie d'un flot de questions, tout en murmure, afin que les adultes ne puissent les entendre.

Et Elettra ? C'est la dernière à être rentrée, sombre et silencieuse. D'après Linda, c'est un jeune en moto qui l'a ramenée. Et quelle moto : un side-car !

Linda a monopolisé l'attention avec l'histoire de l'intrus chassé à coups de balai, en montrant ce qu'il restait de l'héroïque bâton, transformé en pièce de musée. Et Fernando a jugé préférable de ne rien dire.

Puis ils ont fêté le nouvel an tous ensemble, en oubliant toute querelle. Et les menaces de plainte. Et tout ce qu'il valait mieux oublier.

C'est Irène qui a insisté pour faire la fête. Vraiment. Fernando est descendu à la cave pour prendre une des bouteilles «spéciales» de la réserve d'Ulysse Moore, qu'il avait achetées avec sa femme pendant leur voyage de noces en Cornouailles.

Il y en avait encore quatre.

Poum! Le bouchon est allé percuter le plafond.

– Et maintenant qui va enlever cette tache, là-haut? s'est inévitablement plainte Linda.

Ils ont trinqué.

– Tchin tchin, a dit Irène en faisant tinter sa coupe contre celle du père de Sheng.

Assis sur le sol de la cave, Harvey, Elettra, Sheng et Mistral tiennent probablement leur dernière réunion. Mistral attend le retour de sa mère pour repartir en France. Dans l'après-midi, les Miller quitteront Rome pour aller à Naples, où doit avoir lieu la conférence du père d'Harvey. Ils ne retourneront à Rome que pour prendre l'avion pour les États-Unis.

D'ici quelques heures, ils seront séparés par des milliers de kilomètres. Un véritable adieu.

– Moi, au moins, je reste à Rome encore un mois ! s'exclame Sheng pour détendre l'atmosphère, et avec Elettra on va faire sauter le courant un paquet de fois.

Ils sourient tous les quatre.

Ils se sont raconté dans le détail tout ce qui leur était arrivé.

Ils savent qu'ils ont des décisions importantes à prendre. Et que de nombreux mystères restent encore sans explication. Comme la seconde panne de courant, par exemple. Elettra leur a expliqué ce qui s'est passé lorsqu'elle s'est regardée dans l'Anneau de Feu.

Quand Mistral lui demande ce qu'elle a vu refléter dans le miroir, Elettra secoue la tête d'un air perplexe.

Elle s'est vue elle-même. Transformée en lumière.

Mais elle répond :

– Rien de particulier.

Le vieux miroir est maintenant devant eux, totalement inoffensif. Ils s'y sont regardés tous les quatre, contemplant leur image floue et piquée par le temps. Ils ont lu la phrase de Sénèque gravée au dos, se passant l'Anneau de Feu de main en main, avec une crainte respectueuse. Et se sont dit que le professeur avait travaillé pendant des années, puis avait été assassiné, pour ce miroir.

Mais ils ne savent pas encore pourquoi. Ils se sentent oppressés par quelque chose qu'ils n'arrivent pas à dominer, qu'ils ne peuvent situer ni dans le temps ni dans l'espace.

Plus ils étudient l'objet récupéré sous la basilique de San Clemente et plus ils sont convaincus que le miroir n'est qu'un simple élément, un point de départ.

C'est un mystère qui cache d'autres mystères, contenus peut-être dans le carnet du professeur, ou dans les livres qu'il était en train de lire.

Ou bien dans leur rencontre à Rome.

Quoi qu'il en soit, c'est un mystère dangereux.

– Ils continueront à le chercher, dit Harvey.

– Et ils savent que tu vis ici, ajoute Mistral à l'attention d'Elettra.

L'histoire de son enlèvement est celle qui les a le plus impressionnés. Celle d'Harvey et de Sheng, avec Jacob Mahler qui se débattait dans la salle de bains, les a terrorisés.

– Si cette fille, Béatrice, a réussi à appeler la police, ils ont dû le capturer, hasarde Sheng, comme toujours optimiste.

– Patientons, dit Elettra. On ne peut encore savoir ce qui s'est passé. Il n'y a pas de quotidiens le 1er janvier et la télévision ne s'intéresse qu'à la panne de courant.

– En tout cas, il n'a plus son violon, note Mistral.

– Qu'il soit mort ou qu'on l'ait arrêté ne change pas le problème, intervient Harvey, ils enverront quelqu'un d'autre. Et cette personne viendra ici. Dans cette maison.

– C'est notre refuge, proteste Elettra.

– Il a déjà été violé, réplique Harvey. Demande à ton père.

– Ça devient trop dangereux, confirme Sheng. Même si les toupies ont indiqué que cet endroit est... sûr, tu dois faire attention.

Elettra acquiesce.

– Les toupies ont peut-être voulu dire que c'était sûr pour nous. Mais pas pour l'anneau. Ou pour d'autres personnes.

– Justement, que fait-on de l'anneau ?

Harvey propose de le donner à un musée.

– Comme ça, il sera en sûreté.

Elettra a une autre idée.

– Je pense qu'il faut continuer à l'étudier et à enquêter sur les découvertes d'Ermete et du professeur.

– Et comment ? s'étonne Harvey.

– Sheng reste encore un mois à Rome. On pourrait tous les deux...

– Hao, oui, l'interrompt-il. On poursuit l'enquête.

– Avec Ermete, ajoute Elettra. Après tout, c'est lui qui a étudié la carte des Chaldéens. Et tout semble lié, non ?

Ils échangent des regards dubitatifs. Mistral, qui est la seule à ne pas avoir connu Ermete, s'en remet à leur bon sens.

– Et la Bohémienne ?

– Elle paraît en connaître plus que ce qu'elle m'a raconté, admet Elettra. Pas uniquement parce qu'elle nous a suivis à San Clemente... Mais parce qu'elle m'a convaincue de me regarder dans le miroir. Elle savait que... je devais le faire. J'irai la chercher. Et je lui demanderai pourquoi.

Les gamins sont un moment silencieux.

Puis la question des dents vient sur le tapis.

– Qui a gravé toutes ces lettres sur les dents ? Et pourquoi ? se demande Mistral.

– Ermete dit que ces dents sont très vieilles. Qu'elles ont plus de cent ans, intervient Elettra.

– Cent ans, grommelle Harvey. Ce chiffre revient sans arrêt dans cette histoire.

– Les amis, dit Sheng, inutile de se prendre trop la tête. Il est clair que nous avons du pain sur la planche. On a reçu une sorte de don. Un don dangereux, certes, mais que nous ne pouvons ignorer. Si nous sommes en mesure de le comprendre, bien sûr. Je crois qu'Ermete est la seule personne qui puisse nous aider. La seule en qui nous pouvons avoir confiance.

– C'est le seul *adulte* à qui nous pouvons faire confiance, précise Mistral. D'après ce que vous m'avez expliqué, il sait plus de choses que nous.

– Mais il est lui aussi en danger. Il ne doit pas s'éterniser à Rome, insiste Harvey. Il n'y a pas que Mahler. Joe Vinile est encore en circulation et il le connaît.

– Pourquoi ne l'invites-tu pas chez toi ? suggère Mistral.

– À New York ?

– Qui peut le trouver, là-bas ?

– Je ne sais pas... Je dois demander à mes parents, dit Harvey. Mais ce n'est peut-être pas une mauvaise idée.

– Sinon, je peux voir ça avec ma mère, propose Mistral. Aujourd'hui même, dès son retour. À Paris, j'habite dans une immense maison. Et elle est toujours vide.

Ce que Mistral ne dit pas, c'est qu'une fois revenue en France elle aura peur de rester seule.

– Vous pensez qu'Ermete est prêt à quitter Rome ? demande Sheng.

– Je doute que sa mère lui en donne la permission, plaisante Harvey. Mais lui en serait plutôt ravi.

– Si on laisse le miroir à Ermete, intervient Mistral, que faisons-nous de la carte ? Et des toupies ?

– On partage les toupies, propose Sheng. Puis on tire au sort pour savoir qui conservera la carte.

Elettra secoue la tête.

– Non. Je ne peux pas la garder.

– Pourquoi ?

– Pour la même raison que je ne peux pas garder l'Anneau de Feu. S'il y a bien un nom qu'ils connaissent... c'est le mien.

– Elle a raison, approuve Mistral. Et moi non plus. Ils savent désormais qui je suis.

– Nous ne sommes plus que deux, dit Sheng.

– On le joue à quoi ?

– Aux dés.

Il sort une paire de dés rouge et noir récupérée dans la chambre d'Ermete.

– Celui qui fait le nombre le plus grand prend la carte.

Sheng lance les dés et obtient un trois et un deux.

Harvey les fait rouler sur le sol et décroche un six et un cinq.

– Mince ! j'en étais sûr, proteste-t-il.

Elettra lui confie la carte en bois.

– Mets-la en sûreté, mais ne nous dis pas où.

– Très juste, approuve Sheng.

Harvey ouvre encore une fois la carte, puis la referme et la pose sur ses genoux.

– Très bien. Mais l'heure est venue de faire un pacte.

Un lourd silence gagne la cave.

– Nous n'utiliserons plus cette carte avant d'être à nouveau tous les quatre réunis. Je ne sais pas quand cela se produira. Peut-être lorsque vous aurez découvert quelque chose de plus sur le professeur, ou quand Ermete nous dira à quoi sert vraiment l'Anneau de Feu… Dans un an ou jamais… Voilà quel est le pacte.

Et il tend la main vers eux.

Elettra acquiesce et ajoute :

– Et ce qui s'est passé ces derniers jours doit rester notre secret.

– Tous les quatre, répète Sheng, en mettant sa main à plat sur celle d'Harvey.

Mistral sourit.

– Tous les quatre, dit-elle en posant la sienne.

– C'est le moment où il faudrait trouver une phrase un peu plus originale que « Un pour tous,

tous pour un », dit Elettra. Bien que les trois mousquetaires soient quatre eux aussi.

– Tu es des nôtres ? lui demande Harvey.

Elettra met sa main sur celles des autres.

– Quoi qu'il arrive. Quoi que nous réserve le futur, dit-elle solennellement. Oui. Je suis avec vous. Et vous êtes avec moi.

32
LES ÉTOILES

Tante Irène regarde la lune se lever sur les toits.

La Domus Quintilia est calme.

Seule sa sœur Linda s'agite dans son lit. Elle a toujours été un peu somnambule et, même endormie, ne peut s'empêcher de parler.

Irène passe à côté du rosier, approche son fauteuil roulant de la porte-fenêtre qui donne sur la terrasse et l'ouvre. L'air glacé de la nuit s'infiltre dans l'ouverture.

Elle sort et referme la porte derrière elle.

Elle pousse le fauteuil roulant jusqu'aux quatre statues de pierre qui donnent sur la cour intérieure. Des animaux de différentes espèces sont dessinés sur sa chemise de nuit.

Elle n'a pas froid.

Elle lève les yeux vers le ciel, adouci par le halo de la lune, vide de tout nuage. Les sept étoiles de la Grande Ourse resplendissent au-dessus d'elle.

– Nous vous regardons et vous nous regardez, murmure Irène. Même si nous nous comprenons rarement.

Elle s'appuie fortement sur les accoudoirs.

– Qu'est-ce que je dois faire, maintenant ? demande-t-elle à la nuit lunaire. Ai-je commis l'erreur de choisir ma nièce ? Alfred a été tué. Et nous ne sommes plus que trois. Ça n'aurait pas dû arriver. Ça ne s'était jamais produit.

Les poignets tremblants sous l'effort, Irène se lève lentement de son fauteuil roulant.

– *Eux* ont capturé Mistral. Et ils peuvent également tuer. Ça ne faisait pas partie des engagements. Comment est-ce possible, après tout ce qu'il a fallu faire pour trouver les gamins ? *Eux* peuvent aller jusque-là ?

Irène pose les pieds sur le sol froid. Puis pousse sur ses jambes ankylosées.

– Dis-moi, Nature : Puis-je encore espérer que le Pacte soit reconduit ? Dans le refuge, nous avions prévu que ça commencerait à Rome. Ce fut le cas. L'Anneau de Feu a été porté à la lumière. La Vierge du monde s'est mirée. L'appel de lumière a été lancé. Et le premier pas accompli. Tu l'as vue à New York ? Et à Shanghai ? Tu as vu comme elle était bien blanche, la lumière de notre étoile ? Elle est *cachée en bas et cachée en haut. Cherche en bas et tu trouveras en haut.* C'était écrit ainsi, et c'est ainsi que cela fut. Regarde dans le petit pour te regarder dans le grand. Mais il était également écrit qu'on ne toucherait pas aux enfants. Qui a changé les règles ?

Irène tremble, mais sa volonté est plus forte que les années passées. Et lui permet de rester debout.

– Réponds-moi, Nature, implore-t-elle encore, les dents serrées sous l'effort.

Elle lève ses mains tremblantes vers le ciel étoilé et invoque :

– Réponds-moi ! Répondez-moi ! Qu'est-ce que je dois faire ?

Son regard est concentré. Elle attend le son invisible d'une réponse.

Quand celle-ci arrive, la vieille femme l'écoute avec un soupir, elle se laisse bercer en retombant sur sa chaise, épuisée.

Elle ferme les yeux et sourit.

Au-dessus d'elle, les étoiles de la Grande Ourse resplendissent dans le ciel. Mais parmi elles brille une nouvelle étoile, encore invisible aux télescopes et aux regards des astronomes. Elle traverse rapidement l'espace avec sa longue queue de glace enflammée.

C'est une comète. Qui s'appelle l'Anneau de Feu.

Et qui fait route vers la Terre.

REMERCIEMENTS

Je vous ai volé de nombreux mois pour imaginer et écrire ce premier épisode. D'ordinaire, je n'aime pas les pages de remerciements, mais cette fois-ci c'est différent. Et vous savez pourquoi.

Comme toujours, Marcella a compris ce qui se passait avant les autres, et m'a attendu patiemment. Nous avions discuté de la trame de *Century* il y a quelques années, quand l'idée d'écrire une histoire qui se passerait à Rome nous avait séduits, une Rome le plus vraie possible et donc insolite. Je crois que c'est ce que nous avons réussi à faire.

Je dois remercier Claire, car c'est l'éditrice la plus romantique, rêveuse et obstinée que vous puissiez jamais connaître. C'est la seule personne capable de me joindre sur mon portable même lorsque celui-ci est éteint. Je remercie Jacopo et Francesca, qui arrivent à voir ce que j'écris avant même que je l'écrive. Du côté de mes amis, je remercie tout particulièrement deux Béatrice. Une qui devrait se reconnaître dans ces pages et l'autre qui m'a fourni une fantastique carte de visite. Je remercie Alessandro, Walter, Tommy, Andrea et Franco pour leur aide et, comme toujours, ma mère et mon père : votre regard critique (*très* critique) et vos conseils éclairés (*très* éclairés) sont vraiment irremplaçables.

Certains personnages de ce premier épisode cachent des personnages en chair et en os : Elena a inspiré le personnage d'Elettra, et le professeur Gianni Collu, avec son impressionnante quantité de livres, celui d'Alfred. Le docteur Tito m'a inspiré l'idée des « dents ». Linda Melodia s'appelle en réalité Laura, et c'est quelqu'un de fantastique.

À bientôt à New York !

L'AUTEUR

Je suis né le 6 mars 1974 à Acqui Terme, une jolie petite ville piémontaise. J'ai grandi entouré de forêts, avec mes trois chiens, ma bicyclette noire et Andrea, qui habitait à cinq kilomètres de chez moi.

J'ai commencé à écrire au lycée classique : lors de certaines heures particulièrement ennuyeuses, je faisais semblant de prendre des notes alors qu'en fait j'imaginais des histoires. C'est là que j'ai également connu un groupe d'amis passionnés de jeux de rôles avec lesquels j'ai inventé et exploré des dizaines de mondes fantastiques. Je suis un explorateur curieux mais discret.

Quand j'étudiais le droit à l'université, j'ai gagné le Premier Bateau à Vapeur avec le roman *La strada del guerriero*, et ce fut l'un des plus beaux jours de ma vie. J'ai alors commencé à publier des romans. Après mon diplôme je me suis occupé de musées et de projets culturels. J'ai voyagé et changé d'horizons : Celle Ligure, Pise, Rome, Vérone.

J'aime découvrir de nouveaux endroits et de nouvelles façons de vivre, même si je reviens finalement toujours à mes habitudes.

Et un lieu en particulier.

Celui où se trouve un arbre, dans la vallée de Suse, du haut duquel on voit un paysage magnifique. Si, comme moi, vous aimez marcher, je vous expliquerai comment le trouver.

À condition que ça reste un secret entre nous.

P. B.

TABLE DES MATIÈRES

TABLE DES MATIÈRES

Cet ouvrage a été mis en pages
par DV Arts Graphiques à La Rochelle

Impression réalisée sur CAMERON par

BRODARD & TAUPIN

GROUPE CPI

La Flèche
en juin 2010

pour le compte des Éditions Bayard

Imprimé en France
N° d'impression : 0000